La marche du disciple

Traduit et publié originellement comme
Youth Sunday School Lessons, Vol. 1
Copyright © 2008
par Nazarene Publishing House
Kansas City, Missouri 64109 USA

This edition published by arrangement
with Nazarene Pulshing House.

Éditions Foi et Sainteté
17001 Prairie View Parkway
Lenexa, Kansas 66220 Etats-Unis

et

Maison de Publications Carabéenne
13261 SW 124th Street
Miami, FL 33186 USA

Contextualisée par Monte Cyr

ISBN 978-1-56344-477-7

La marche du disciple

52 LEÇONS BIBLIQUES POUR LES JEUNES

VOLUME 1

Editions Foi et Sainteté
Lenexa, Kansas ETATS-UNIS

Résumé des leçons

VIVRE DANS LA SAINTETÉ

Semaine 1—Une nouvelle loi pour vivre (Jésus peut nous délivrer afin que nous vivions une vie chrétienne solide).

Semaine 2—Un cadeau non mérité (La sainteté est un cadeau que Dieu nous fait, mais nous ne pourrons jamais le mériter. Notre responsabilité est d'accepter son cadeau, source de grâce, en demeurant auprès de lui et en obéissant à sa volonté.)

Semaine 3—La sainteté, ce qu'elle est et ce qu'elle n'est pas (La sainteté est une relation toujours grandissante avec Dieu et non pas un remède miracle pour tous les problèmes. A ceux qui recherchent la sainteté, Dieu donne les ressources nécessaires pour vivre une vie qui glorifie Dieu).

Semaine 4—Une nouvelle garde-robes sainte (Il y a différentes manières d'apprendre des habitudes favorables à l'oeuvre de Dieu dans nos vies).

DECOUVRIR LA VOLONTE DE DIEU

Semaine 5—La volonté de Dieu est pour tous (Dieu aime tout le monde et veut que tous le connaissent et fassent sa volonté).

Semaine 6—Nous appartenons totalement à Dieu (La volonté de Dieu pour les croyants est qu'ils se donnent corps et âme à lui).

Semaine 7—Dieu désire une relation personnelle (Quand quelqu'un fait la volonté de Dieu, il le dirige sur un chemin excellent pour sa vie).

Semaine 8—Que puis-je faire? (La volonté de Dieu pour les chrétiens est qu'ils soient remplis de l'évangile).

MA FOI, TA FOI

Semaine 9—Est-ce que c'est chrétien? (Nous devons évaluer les déclarations de foi à travers une réflexion critique).

Semaine 10—L'Église universelle (Les chrétiens protestants peuvent affirmer leur foi tout en valorisant la foi des chrétiens catholiques).

Semaine 11—Ce que les Juifs peuvent enseigner aux chrétiens (Les chrétiens peuvent avoir une relation positive et agréable avec les Juifs).

Semaine 12—Le doute de Thomas (Les chrétiens doivent apprendre comment discuter de leur foi avec logique et assurance).

SERMON SUR LA MONTAGNE

Semaine 13—Le caractère du royaume (Le Royaume de Dieu est venu sur la terre avec la venue de Jésus sur terre,

Semaine 14—L'authentique christianisme (Jésus nous encourage à éviter l'hypocrisie en demeurant dans la vraie justice).

Semaine 15 — Donnez à Dieu la première place (Jésus nous encourage à considérer ses priorités comme nos priorités).

Semaine 16 — Soyez différents ! (Jésus nous invite à aller au-delà des coutumes et interdits religieux en pratiquant le pardon, l'amour, la pureté et l'acceptation dans toutes nos relations). Dimanche de Pâques "Investis pour avoir un coeur nouveau."

LA PARABOLE DE JESUS

Semaine 17 — La terre de l'âme (Une fois que nous acceptons le cadeau d'amour de Dieu, nous devons trouver l'environnement propice pour croître et porter du fruit). "Investis de la sainteté pour accomplir un but."

Semaine 18 — Considérez le coût (Dieu nous demande de considérer le coût à payer avant de le suivre). "Invsetis pour garder vos voies pures."

Semaine 19 — La difficulté d'être humble (Dieu nous permet par sa grâce de le servir. Donc, nous devons vivre dans une attitude de reconnaissance). "Investis pour persévérer et se réjouir."

Semaine 20 — Libre pour tous (Si Dieu nous donne sa grâce gratuitement, nous devons la donner de façon spontanée et inattendue) "Investis pour avoir un temps d'intimité avec Dieu."

Semaine 21 — Êtes-vous prêts pour faire la fête? (Tout chrétien doit être prêt à tout moment pour la seconde venue de Christ). "Investis pour servir avec joie."

L'ÉGLISE

Semaine 22 — Vivre la mission (L'Église vit. Elle est l'expression vivante de Christ dans le monde). "Investis pour mener les combats spirituels."

Semaine 23 — La vie commune (L'Église est appelée à être une communauté de foi où chaque chrétien joue un rôle vital). Dimanche de Pentecôte "Fortifiés par l'Esprit Saint."

Semaine 24 — Dieu fait la cuisine dans des marmites fêlées ! (Puisque l'Église est constituée d'hommes imparfaits, donc, elle ne peut pas être parfaite).

Semaine 25 — Qui, moi ? (Dieu donne à chaque chrétien un rôle important dans son Église).

ROMAINS

Semaine 26 — Sans honte (Le message de l'Évangile est puissant, vivant, précieux, et mérite notre fierté).

Semaine 27 — Faire face à la réalité (Dieu nous offre le choix entre la vie éternelle avec lui et l'enfer éternel sans lui).

Semaine 28 — L'acceptation a ses privilèges (Tout choix a des conséquences).

Semaine 29 — Enfin libres ! (Les chrétiens sont libérés du pouvoir du péché parce que Jésus a brisé le pouvoir du péché et de la mort).

Semaine 30 — Poules mouillées, prière de s'abstenir (La grâce de Dieu révélée en Jésus exige une réponse).

RELATIONS FAMILIALES

Semaine 31—Puisque vous ne pouvez pas les choisir, alors choisissez de les aimer (Les relations parentales impliquent la responsabilité de développer et de maintenir de tels liens. Les résultats impliquent souvent une récompense. Tout chrétien est appelé à aimer et honorer ses parents).

Semaine 32—Il n'est pas lourd, il est mon frère (L'entente avec nos frères et soeurs exige que nous construisions des liens solides).

Semaine 33—Conduisez-les à Dieu avec amour (Les chrétiens témoignent à leurs parents incrédules)

Semaine 34—De nouvelles relations (Bien que l'alliance entre deux familles par le moyen du mariage soit parfois difficile, le Seigneur peut aider à la réussite de cette alliance).

FUYEZ LES ABUS

Semaine 35—Á la recherche du vrai (L'alcool et la drogue détruisent une saine relation avec Dieu et avec les autres).

Semaine 36—Qu'est-ce qui vous ronge? (Ne laissons pas notre apparence nous dicter notre coduite).

Semaine 37—Á la poubelle! (Le sexe est un cadeau de Dieu. Bannissons la pornographie qui nuit à la sexualité de l'homme).

Semaine 38—Quand l'amour fait mal (C'est la volonté de Dieu que toute relation soit bâtie sur l'amour véritable et le respect mutuel, de sorte que personne ne soit abusée, qu'on soit victime ou offenseur).

UNE VIE DE SERVICE

Semaine 39—Pourquoi sert-on? (Dieu désire que son peuple lui exprime son amour en servant les autres).

Semaine 40—Servir est une manière de vivre (Le service chrétien est une décision délibérée qui encourage des habitudes de service durables).

Semaine 41—Au service des nécessiteux (Lorsque nous ferons l'effort de voir Jésus en chaque homme, ceci nous donnera le encourage de voir et de satisfaire les besoins des autres).

Semaine 42—Au service de ceux qui sont perdus (Les chrétiens sont appelés à satisfaire les besoins physiques et spirituels des autres).

Semaine 43—Servir, cela fait du bien au corps (Les chrétiens sont appelés à se servir les uns les autres dans l'amour).

PRÉPARER L'AVENIR

Semaine 44—Un diplôme, et après? (En dépit de nos occupations, nous pouvons tous choisir d'honorer Dieu dans notre travail).

Semaine 45—Les liens communautaires (Au fur et à mesure que les jeunes chrétiens mûrissent et se tournent vers l'avenir, ils s'unisent.

Semaine 46—En marche vers la croissance (Nous devons faire des pas décisifs pour ressembler à Christ).

Semaine 47—Peut-on espérer un avenir? (Les chrétiens font des projets parce qu'ils savent que leur futur est sous le contrôle de Dieu).

SUIS-JE FAIT(E) POUR LE MARIAGE?

Semaine 48—Le mariage… bon, mieux, meilleur (Dieu institua le mariage entre l'homme et la femme pour montrer le type de relation qu'il entretient avec son peuple ; une relation fondée sur l'amour, la fidélité, et la soumission mutuelle).

Semaine 49—Á vos marques, prêts… attendez! (La préparation au mariage est vitale).

Semaine 50—Mariés dans la vraie vie (Nous pouvons être mieux préparés aux problèmes et aux tensions du mariage en faisant la volonté de Dieu, c'est-à-dire en défendant l'unité entre les personnes et en recherchant les qualités qui créent l'unité).

Semaine 51—Mariage ou célibat (Que vous soyez célibataire ou marié, Dieu vous appelle à bâtir des relations solides qui reflètent l'amour de Dieu).

JOYEUX NOUVEL AN

Semaine 52—Dehors le vieux, bonjour le neuf (Nous devons prendre le temps d'évaluer notre vie et de nous fixer des objectifs).

Comment préparer une leçon pour l'école du dimanche

LE DÉBUT DE L'ANNÉE

Au début de cette année, prenez le temps de mettre de côté tout le matériel dont vous aurez besoin pour l'école du dimanche. Placez le tout dans une boîte ou une pochette. Cela vous fera économiser du temps chaque semaine car vous n'aurez pas à chercher partout votre matériel puisque vous saurez où le trouver.

Gardez dans un carnet, les adresses, les dates d'anniversaires, etc. de tous vos élèves

Lisez brièvement tout le contenu du livret des leçons car cela vous donnera une idée sur les différents thèmes mensuels, une vue globale, et une direction aussi. Vous saurez le nombre de leçons qui figure sur chaque thème et éviterez ainsi d'aller trop vite quand vous enseignez. Vous saurez comment adapter les leçons en fonction des besoins, de la mission, et des objectifs du ministère de l'école du dimanche dans votre église (veuillez exposer vos idées au pasteur et au conseil de l'église).

LES DEUX HEURES DE PRÉPARATION HEBDOMADAIRE

30 minutes — Lisez la leçon afin de vous familiariser avec son contenu.

Le dimanche après midi de la semaine précédant cette leçon, prenez le temps de l'étudier. Priez et demandez à Dieu de vous donner la sagesse et de vous guider afin que vous puissiez présenter la leçon sous le meilleur angle possible.

10 minutes — Vous aurez toute la semaine pour rassembler vos notes

Pour les besoins de l'école du dimanche, gardez tout le temps avec vous un cahier ou carnet dans lequel vous noterez vos idées.

20 minutes — Lisez le passage biblique 3 ou 4 fois pendant la semaine.

Laissez la Parole de Dieu vous transformer pendant la méditation et la lecture de ce passage. La lecture permettra à la vérité que vous voulez enseigner de toucher d'abord votre vie.

50 minutes — Organisez votre leçon.

Préparez tout le matériel nécessaire. Relisez vos notes et organisez votre leçon de manière à suivre et enseigner la leçon à votre convenance.

10 minutes — La dernière vérification.

C'est la dernière chose à faire le dimanche matin avant de commencer la leçon. Vous devez avoir votre Bible et le matériel au complet. Revoyez le plan et vos notes une dernière fois. Enfin, prenez une minute ou deux pour remettre cette leçon au Seigneur et lui demander de vous utiliser. Vous avez sûrement déjà fait cela plusieurs fois pendant vos moments de dévotion, mais il serait bon de vous soumettre à la volonté de Dieu encore une fois.

Comment présenter la leçon de l'école du dimanche

Les jeunes devraient être activement impliqués dans l'apprentissage en partageant leurs expériences et sentiments, en découvrant la vérité, et en choisissant une activité à laquelle ils peuvent participer en guise de réponse à l'enseignement reçu.

La durée ce la leçon doit être soigneusement planifiée et organisée pour vous exercer à la préparation. Nous aimerions suggérer le modèle de base suivant pour le déroulement de vos cours de l'école du dimanche. La durée autorisée pour ce modèle se base est d'une heure (60 minutes). Les nombres entre parenthèses sont pour les cours de 45 minutes.

10 minutes à l'avance

Tâchez d'arriver au moins dix minutes à l'avance pour arranger votre classe et mettre le matériel en place.

5 premières minutes — Commencer

Réservez les 5 premières minutes pour accueillir vos élèves. Ensuite, commencez par la prière (cela donnera l'occasion aux jeunes de prier à haute voix dans le groupe). Donnez-leur la possibilité de discuter de l'actualité et des évènements de la semaine passée. En étant attentif, vous apprendrez beaucoup de choses sur la vie de ces jeunes. Faites l'appel et collectez les offrandes. Enfin, contrôlez les devoirs et révisez la leçon, de la semaine précédente.

15 (10) minutes— section VIE

Pendant les 15 (10) minutes qui suivent, introduisez la leçon avec la section VIE pour retenir leur attention avant de commencer le sujet de la semaine.

20 (15) minutes— section VÉRITÉ

Les 20 (15) minutes suivantes doivent couvrir la section VÉRITÉ. Souvenez-vous que vous ne devez ni *prêcher* ni *lire* mais seulement enseigner la leçon avec vos propres mots.

15 (10) minutes — section ACTION

Les 15 (10) minutes suivantes doivent être concentrées sur la section ACTION. Aidez les jeunes à comprendre comment appliquer les vérités apprises dans la leçon, dans leur vie de tous les jours.

5 dernières minutes — clôturer

Les 5 dernières minutes seront consacrées à la prière et au rangement de la classe avant le culte. Évaluez le succès de votre leçon aussitôt que vous pourrez. Prenez le temps de noter ce qui a marché et ce qui n'a pas marché pour améliorer les prochaines leçons. Faites la même chose à propos des étudiants. Vous devez être toujours attentif à ce que disent vos élèves pendant le cours. Vous pouvez apprendre beaucoup de choses sur leur vie dans leur foyer, par de simples discussions. Vous ne devez jamais oublier qu'à l'école du dimanche, l'enseignement a pour but de favoriser des relations solides avec Dieu et avec les autres chrétiens.

Sept clés pour enseigner les jeunes

Clé #1 — Les enseignants (non les livres) sont au cœur d'une éducation chrétienne efficace.

L'enseignement de l'école du dimanche est essentiellement une activité entre les personnes. C'est une rencontre entre Dieu, les étudiants, les enseignants, et un bon enseignant est au centre de cette rencontre. En tant que moniteur, vous êtes plus qu'un porte-parole chargé de délivrer une importante information. Vous avez l'opportunité de participer avec les élèves à une rencontre avec la vérité vivante en Jésus-Christ.

Clé #2 — L'Esprit Saint est l'enseignant ultime.

Aussi bon que l'enseignant puisse être, il fait des erreurs. Heureusement, vous avez toujours un compagnon dans l'enseignement, le Saint Esprit, qui prépare déjà le cœur et l'esprit de vos élèves à recevoir et appliquer la leçon. Il ne doit sûrement pas manquer des moments où vous avez l'impression que tout va mal. Cependant, un élève se souviendra de cette leçon comme le jour décisif de sa vie où il a décidé de suivre Jésus. Qu'est-il arrivé? L'Esprit Saint était en train d'enseigner malgré vous. Il enseigne aussi à travers vous – mais en fin de compte, c'est toujours le Saint Esprit qui enseigne.

Clé #3 — La vie de l'enseignant parle et ce langage est aussi important que ses paroles.

Ce que le moniteur dit est très important. La vérité et la sagesse méritent d'être bien proclamées. Toutefois, c'est par l'harmonie entre vos paroles et vos actes visibles dans une vie d'intégrité que les jeunes intègrent vraiment la vérités des vos paroles. Votre but doit être d'avoir avec vos élèves une relation à travers laquelle ils peuvent observer et expérimenter une certaine harmonie entre votre vie et la vérité que vous enseignez.

Clé #4— Une bonne préparation est obligatoire!

L'efficacité ne peut être assurée qu'avec une préparation soigneuse de chaque leçon même si vous enseignez depuis plusieurs années. Une préparation efficace assure la direction, la discipline et la destination. Chaque leçon a un message ou thème central – une direction. Si vous n'intégrez pas ce thème central dans vos pensées et méditations, vous vous égarerez dans d'autres choses et oublierez que vous êtes réunis pour enseigner une vérité importante, et pas seulement pour avoir du bon temps.

La discipline ne consiste pas simplement à maintenir l'ordre, mais aussi à maintenir tout le monde concentré sur le thème ou le message central. Si vous n'êtes pas préparés, les activités seront incomplètes, les transitions entres les idées et les activités seront maladroites, et le matériel inadéquat. Il s'en suivra fort probablement que vous perdrez votre classe en faveur de quelqu'un d'autre qui ne saura pas forcément enseigner aussi bien que vous

Habituellement, l'application de la vérité est l'étape finale de la leçon, appelée la destination. Ce n'est pas assez de parler de la vérité, nous devons la pratiquer (1 Jean 3.18). Cependant, si vous ne contrôlez pas le temps de la leçon, il est probable que vous n'arriverez pas du tout à la tâche cruciale de l'application. Trop souvent, la partie la plus importante de la leçon n'est jamais enseignée! Pourquoi? Le temps qui reste ne suffit pas. La solution réside dans une bonne préparation.

Clé #5— Le seul contenu de la leçon ne suffit pas pour attirer et retenir l'intérêt pendant l'enseignement.

Si votre classe est comme la plupart des classes de jeunes c'est-à-dire que la majorité ne vient pas en classe simplement à cause de la vérité que vous allez leur enseigner, beaucoup viendront parce qu'ils aiment être avec leurs amis. Les uns viendront parce que leurs parents insistent, les autres encore viendront parce qu'ils veulent de l'attention, un mot d'encouragement, d'autres viennent par ce que c'est l'endroit le plus sécurisant qu'ils connaissent. Il y a autant de raisons différentes que de jeunes dans votre classe. Votre responsabilité est de créer un climat physique, émotionnel et spirituel dans lequel ils se sentent à l'aise, acceptés, valorisés, et stimulés. Ce genre d'environnement ne se crée pas de lui-même. Il demande un effort intentionnel.

Clé #6— Une importante et constante concentration sur la Bible est la condition clé pour une réelle croissance spirituelle.

La Bible doit être au centre de toute éducation chrétienne, particulièrement de l'École du dimanche. Votre responsabilité première en tant qu'enseignant est d'encourager une sérieuse prise en compte de la vérité de Dieu révélée dans les Écritures. Quoique vous fassiez, vous ne pourrez contourner la Bible, si du moins vous souhaitez que vos étudiants mûrissent spirituellement.

Clé #7— La croissance spirituelle est plus une question de transformation que d'information.

Savoir quelque chose ne veut pas dire le faire. La croissance spirituelle est plus que découvrir la vérité – c'est connaître Celui qui est la vérité et être transformé par cette expérience. C'est tout ce qui touche à la mort et à la résurrection de Jésus. Il est mort et ressuscité afin que nos péchés soient pardonnés et lavés, que les relations brisées soient restaurées, que nos habitudes charnelles soient remplacées par la discipline spirituelle, que les circonstances dramatiques soient remplacées par une paix divine, que ceux qui sont spirituellement morts renaissent. Vous devez croire et prier pour que chacun de vos élèves soit transformé de cette façon. Quand cela arrive, c'est qu'un enseignement réel a eu lieu!

(Inspiré de *Seven Convictions for Teaching Youth* [Sept convictions pour l'enseignement des jeunes] par Dr Ed Robinson.

SEMAINE 1

THÈME : VIVRE DANS LA SAINTETÉ

Une nouvelle loi pour vivre

PASSAGE BIBLIQUE :
Romains 7.15—8.4

LA VIE
(Ce qui se passe aujourd'hui)

Je veux te parler de Joe. Joe est en train de passer un examen, plus spécialement l'examen d'entrée à l'université (Baccalauréat). Il est impératif qu'il réussisse. Voyant approcher la fin des épreuves, il sait que ses résultats sont iminents. Quelqu'un dans le hall a appellé le professeur de Joe. Quand Joe lève la tête et regarde le professeur qui se dirige vers la porte, il remarque que la copie de sa proche voisine de table est bien à découvert. C'est une brillante élève et elle a déjà traité la question principale que Joe ne comprend pas. Et Joe pouvait lire sans difficulté dans la copie de sa voisine. Mais, il hésitait. Il savait pourtant qu'il pourrait facilement comparer ses réponses avec celles de la fille et personne ne le saurait.

Discuter ces questions avec la classe : Est-ce que ce genre de situation arrive dans la vie ? La pression que Joe ressent pendant l'examen est-elle réelle ? Quels sont les luttes, ou les choix difficiles auxquels vos amis sont quotidiennement confrontés (Alcool, sexe, vol, mensonge, brimades, etc.) ? Comment ces gens justifient-ils parfois le mal qu'ils font, ou quelles excuses donnent-ils pour justifier leur conduite injuste ? Pensez-vous que le fait d'avoir une forte volonté soit suffisante pour empêcher quelqu'un de mal agir ? Vous arrive-t-il d'avoir l'impression que quoique vous fassiez, vous échouez toujours, autrement dit vous finissez toujours par faire ce qui est mal ?

LA VÉRITÉ
(Ce que la Bible enseigne)

Remettez à un élève une chemise avec des petits boutons mais déjà boutonnée jusqu'au col, accompagnée d'une paire de gros gants. Ensuite, accordez-lui 30 à 60 secondes pour enfiler rapidement les gants et la chemise. Faites l'activité à tour de rôle. Certains élèves trouveront la tâche impossible à exécuter tandis que d'autres réussiront. « Alors, quelles sont vos impressions lorsque vous essayez d'exécuter une tâche pratiquement impossible ? ».Paul ressentait ce même genre de frustration au cours de sa vie spirituelle. Lisez ensemble Romains 7.1-25.

Nous pouvons tous établir un rapport entre nous et ce qu'il a écrit. Paul voulait faire ce qui est juste mais il ne pouvait pas parce que sa nature pécheresse était justement trop forte. Il réalisa que même si nous connaissons toute la loi que Dieu a créée pour nous, comme les Dix (10) Commandements, le péché nous empêche d'accomplir la justice divine. Paul se considérait essentiellement comme un prisonnier du péché. De même, nous sommes pris aussi dans une bataille entre notre désir de faire ce qui est juste et celui de faire ce qui est facile, égoïste et mauvais. Les paroles du verset 24 sont celles d'un homme désespéré. Si nous sommes sincères, nous reconnaîtrons comme Paul, que nous sommes toujours dans cette bataille, ou même que nous désirons toujours continuer à être dans cette bataille. Parfois même, les chrétiens ont ce dilemme dans leur vie. Finalement, en Romains 7.25-8.2, Paul nous donne la solution du problème. Il dit que quelqu'un l'a libéré, et que celui qui l'a libéré, c'est Jésus Christ qui œuvre par l'Esprit Saint.

Écoutons quelques exemples personnels d'après la façon dont l'Esprit Saint opère dans nos vies. Demandez s'il y a des volontaires pour apporter un témoignage concernant la façon dont l'Esprit Saint les a libérés du pouvoir du péché.

ACTION

(Ce que je peux faire)

La semaine dernière, nous avions appris que Dieu est saint et que sa sainteté se reflète d'une manière parfaite dans sa justice et son amour. L'unique moyen visible par lequel Dieu a démontré son amour est d'avoir envoyé son fils, Jésus Christ, pour sauver tous les homme de leurs péchés.

Nous sommes incapables de nous sauver, nous-mêmes. Toutes tentatives pour nous libérer du péché sont vouées à l'échec parce que la loi du péché en nous est si puissante, mais seule la toute puissance triomphante de Dieu est capable de changer le pouvoir de la servitude et de nous maintenir dans l'au-delà. La première étape vers la sainteté consiste à demander à Dieu pardon pour nos péchés, ensuite à confesser Jésus Christ comme Seigneur. Si tu n'as pas encore fait cela, ou que tu l'as fait une fois, mais que tu t'es rétracté par la suite, voici le grand moment pour remettre de l'ordre dant out cela. Pendant que je vais prier, parlez à Dieu dans votre coeur.

SEMAINE 2

THÈME : VIVRE DANS LA SAINTETÉ

Un cadeau non mérité

PASSAGES BIBLIQUES

1 Pierre 1.14-16 ; Éphésiens 1.4-5 ; Psaume 51.9-12 ; 1 Thessaloniciens 5.23-24

VIE

(Ce qui se passe aujourd'hui)

Lisez la lettre suivante à la classe :

« Ces deux dernières années, j'ai vécu une relation amoureuse avec une fille formidable. Cela se passait merveilleusement bien entre nous. Mais, il s'est produit un changement, dernièrement.Elle ne me consacre presque plus de temps. Il y a des moments où je pense même qu'elle considère carrément me quitter. Moi qui pensais que notre relation mûrissait. Maintenant, elle ne répond plus à mes appels téléphoniques et elle refuse mes cadeaux. Quand j'essaie de lui parler, elle dit que je l'étouffe et qu'elle veut être libre. Que vais-je faire ? Que me conseillez-vous de faire ? »

Que conseillez-vous à l'auteur de cette lettre ? Á sa place, comment vous sentiriez-vous ? Qu'auriez-vous fait ? Et si c'est Dieu qui avait écrit cette lettre ? Pendant combien de temps croyez-vous qu'il ressentirait ce que ce garçon ressent ? Essayer de deviner comment Dieu doit se sentir en voyant toutes les choses que nous faisons ? Une relation ne devrait-elle pas être à double sens ? Si oui, que doit être la réponse d'une personne, si l'autre semble indifférente au bien-être de leur relation ?

LA VÉRITÉ

(Ce que la Bible enseigne)

Lisez Éphésiens 1.4-5. Pourquoi Dieu veut-il que nous soyons saints ? (Parce qu'il nous aime. Dieu nous a démontré son grand amour en envoyant son Fils pour ouvrir une voie qui nous permette d'entrer dans une relation sainte avec lui). Selon vous, quelle est notre responsabilité une fois que les choses sont en ordre entre Dieu et nous ? (Celle de vivre dans la sainteté). Comment vit-on dans la sainteté ?

Lisez 1 Pierre 1.14-16 à haute voix pour la classe. Qu'est ce qui est essentiel pour vivre dans la sainteté ? (L'obéissance. En lisant Éphésiens 1.4-5, nous voyons que Dieu nous appelle à être saints, parce qu'il nous aime. Si nous l'aimons en retour, alors nous devons lui obéir. Quand nous sommes obéissants, il devient facile pour nous de nous conformer ou de ressembler au monde, et nous pouvons montrer à travers notre vie, la sainteté, reflet du caractère saint de Dieu).

Lisez 1 Thessaloniciens 5.23-24. Pourquoi Paul veut-il notre sanctification ? (Pour que nous soyons irréprochables). Est-ce que la sanctification et la sainteté ont le même sens ? (Oui) Selon ce verset, qui-est-ce qui fait vraiment l'oeuvre de la vie de sainteté - Dieu ou nous ? (Dieu. « Celui [Dieu] qui vous a appelés est fidèle, et c'est lui qui le fera [qui vous garde saints et irréprochables]. » Au fur et à mesure que nous nous soumettons totalement à Dieu, le pouvoir de Dieu nous sanctifie ; ceci est la première œuvre. Ce n'est ni par nos propres forces ni par notre habileté que nous serons rendus saints, mais c'est par la seule force de Dieu).

ACTION
(Ce que je peux faire)

Nous savons que Dieu désire une relation avec nous, que nous avons la responsabilité de vivre dans la sainteté et que nous ne pouvons pas le faire de nous-mêmes. La question qui suit est : « Comment pourrais-je être saint ? » *En aimant* Dieu plus que tout et plus que tout le monde ; c'est le premier pas. L'étape suivante est de demander à Dieu de vous sanctifier. Le roi David pria pour être sanctifié après avoir commis l'adultère avec Bathsheba et fait assassiner son mari. David se repentit pendant qu'il réalisait son profond besoin de la sainteté de Dieu. Sa demande était que Dieu crée un nouveau coeur en lui, un qui le libérerait du péché et de la souillure du péché. Lisez sa prière en psaume 51.9-12).

Terminez la leçon en encourageant vos étudiants à rentrer dans une relation de sainteté avec Dieu. Si quelqu'un veut se donner totalement à Dieu, invitez-le à dire une prière similaire à celle-ci : Dieu bien-aimé, tu es saint et.redoutable. Je réalise que je ne suis qu'un païen. Je veux être comme toi, mais je n'en suis pas capable. Je te demande de purifier mon cœur de tout péché. Aide-moi à désirer les choses que tu veux. Je sais que tu t'es donné pour moi. Aujourd'hui, je me donne à toi. Au nom de Jésus. Amen.

SEMAINE 3

THÈME : VIVRE DANS LA SAINTETÉ

La sainteté, ce qu'elle est et ce qu'elle n'est pas

PASSAGES BIBLIQUES

1 Corinthiens 13.1-5 ; 2 Timothée 3.1-5 ; Hébreux 12.14 ; 1 Jean 4.7-21

VIE

(Ce qui se passe aujourd'hui)

Choisissez un membre de la classe pour représenter « l'invité secret », et présentez-lui les questions et les réponses suivantes. Aussi, avant de commencer la leçon, écrivez les questions sur un bout de papier. A l'heure d'entrer dans la classe, remettez une question à chaque étudiant. Le but est de poser les questions à l'invité mystérieux, ensuite, de deviner son identité d'après ses réponses.

1. Etes-vous vivant ou mort ? (Je me suis décidé il y a quelque temps mais mon influence se fait sentir encore aujourd'hui).
2. Etiez-vous une figure mondialement connue ? (Oui).
3. Etiez-vous prospère ? (J'utilisais mes biens et mon influence pour le bien-être de tous).
4. Peut-on trouver des livres qui évoquent votre biographie ? (Oui ; beaucoup ; je suis un écrivain, en fait).
5. Etiez-vous un chef religieux ? (Oui, en quelque sorte. J'ai toujours eu une ferme impression que Dieu était avec moi et avec ceux que je conduisais).
6. Avez-vous fondé un mouvement ? (Oui,ce mouvement a gagné presque le monde entier et continue jusqu'à aujourd'hui).
7. Etiez-vous un croyant en « toute pureté » ? (Oui. La pureté qui touche tous les aspects de la vie était très important pour moi).
8. Avez-vous beaucoup d'admirateurs ? (Je dirai que oui).

Demandez l'identité de l'invité mystérieux. D'après ses réponses, croyez-vous qu'il s'agit de quelqu'un qui est saint ? Demandez à l'invité mystérieux de se présenter comme … Adolf

Hitler. Que ressentiez_vous envers cette personne avant de la connaître ? Maintenant que vous savez qui il est, qu'avez-vous appris sur la sainteté ? Laquelle de ces deux assertions est la vraie : « La sainteté d'une personne est déterminée par *ce qu'elle fait* » ou, « la sainteté d'une personne est déterminée par la *raison* qui la pousse à agir ? » Expliquez. Avez-vous une fois fait une vraie bonne action mais pour de mauvaises raisons ? Etiez-vous saint à cause de cette bonne action ? Pourquoi ou pourquoi pas ? Et les fois où vous avez fait de vraies bonnes actions pour de bonnes raisons ? Qu'est_ce qui fait la différence ?

Nous ne sommes pas le premier groupe à se demander à quoi ressemble une personne sainte. En fait, les premiers chrétiens dans la cité de Corinthe se posaient la même question.

LA VÉRITÉ
(Ce que la Bible enseigne)

L'église de Corinthe avait une compréhension limitée de ce que voulait dire être une personne spirituelle. Ils pensaient que la sainteté d'une personne se mesurait à son don spirituel.Lisez Corinthiens 13.1-5 et demandez aux étudiants de partager la signification de ces versets. Ensuite, lisez 2 Timothée 3.1-5. Pensez-vous que certains gens qui se disent chrétiens « font semblant » en fait d'être des saints ? Pouvez-vous le voir ? Quels sont les signes d'une personne qui vit dans la sainteté ? Lisez 1 Jean 4.7-21. Quelle est la caractéristique clé d'une vie sainte ? (L'amour).

Lisez 1 Jean 1.9 et Hébreux 12.14 pour découvrir deux choses importantes sur la vie de sainteté. 1 Jean 1.9 nous dit que Dieu sait que nous ne sommes pas parfaits, que nous sommes des pécheurs, et c'est pourquoi, il veut que nous sachions qu'il est la clé de notre sainteté. La sainteté est au-delà de notre pouvoir. Quand nous confessons nos torts, nous surmontons les conflits extérieurs d'une manière sainte, grâce à son pardon, à son enseignement, et à sa présence dans nos vies. Toujours selon Hébreux, la deuxième chose importante est que la sainteté est une relation vivante avec Dieu et elle a des effets réels sur notre relation. En dernière analyse, le vrai test de notre relation avec Dieu réside dans la façon dont nous vivons l'amour au milieu des autres.

ACTION
(Ce que je peux faire)

Relisez soigneusement 1 Jean 4.7-21. Relisez maintenant le verset 18. Choisissez des volontaires pour résumer l'importance de la vie de sainteté. Á la fin de la leçon, priez Dieu d'utiliser les choses apprises ce jour là, pour qu'il continue de bâtir leur relation avec lui, et de leur montrer aussi, lors des jours et semaines suivants ce que veut dire la sainteté dans la vie d'une personne.

SEMAINE 4

THÈME : VIVRE DANS LA SAINTETÉ

Une sainte garde-robe nouvelle

PASSAGES BIBLIQUES

Colossiens 3.5-17; Timothée 4.7-16

VIE

(Ce qui se passe aujourd'hui)

Une habitude est une disposition qu'on acquiert en faisant toujours les mêmes choses Les autres peuvent même trouver nos habitudes lassantes. Demandez aux étudiants d'énumérer des habitudes qu'ils trouvent grossières : éructer, se tordre les cheveux, claquer des doigts, etc.). Pourquoi trouez-vous ces habitudes agaçantes ? Nommez une de vos habitudes qui d'après vous serait susceptible d'agaçer quelqu'un d'autre ? Pensez-vous à des habitudes qui vous paraissent bonnes ? Quelles sont vos bonnes habitudes ? (Vous brosser les dents, prendre régulièrement votre douche, manger des aliments sains, etc.). Prenons un moment pour parler de certaines habitudes qui sont profitables à notre vie spirituelle.

LA VÉRITÉ

(Ce que la Bible enseigne)

Nous savons que la sainteté ne s'acquiert pas en accomplissant simplement des actes saints. La sainteté se reflète dans notre relation avec Dieu. En effet, nous ne pouvons nier le fait que Dieu désire ardemment que nous reflétions sa sainteté à travers nos actions et nos attitudes. Il y a des étapes à franchir et des habitudes à abandonner pour une relation ferme avec le Seigneur. Lesquelles ? (1) Des habitudes qui pourraient *affecter* leur relation avec Jésus Christ. (2) Des habitudes qui pourraient *affermir* leur relation avec le Seigneur. Si cela est possible, invitez quelqu'un à témoigner comment Dieu l'a aidé à vaincre ses mauvaises habitudes et à bâtir sa vie sur des habitudes saintes.

Lisez Colossiens 3.5-17 et Timothée 4.7-16. En Colossiens, Paul dit que si quelqu'un veut réellement vivvre la sainteté de Christ, il doit agir en conséquence ! Ceci implique deux étapes : La première : nous devons crucifier ces mauvaises habitudes qui nous empêchent d'être comme Christ. Paul était très prudent avec les mots qu'il utilisait. Il ne dit pas que nous devrions utiliser la discipline ou l'abnégation pour garder ces habitudes sous contrôle, mais qu'au contraire, tout ce qui entrave notre obéissance entière à Dieu et notre complète soumission à Christ doit être **détruit**. La deuxième : Paul dit à ses lecteurs de se vêtir des habitudes qui plaisent à Dieu. La façon d'accomplir cela est d'ouvrir nos yeux sur les choses que Christ considère comme importantes, de voir les choses selon sa perspective, et ensuite de vivre ces choses. Remarquez que les habitudes que Paul énumère ont un lien avec les relations humaines. Le Christianisme se vit en communauté. Donc, nous devons nous effeorcer de vivre ensemble en paix comme nous le faisons avec Dieu. Finalement, le Christianisme veut dire marcher et vivre comme Jésus l'a fait.

En 1 Timothée, Paul s'adresse au jeune Timothée et lui dit que les jeunes peuvent être de merveilleux exemples de sainteté et de chrétiens si Dieu influence leurs vies, Paul encourage Timothée à être zelé et à ne pas laisser les autres le mépriser à cause de sa jeunesse.

ACTION
(Ce que je peux faire)

Chacun d'entre nous peut forger des habitudes qui lui permettent de vivre dans la sainteté. Pendant ces leçons dirigées sur la vie sainte, nous avons eu l'opportunité d'accepter la sainteté de Dieu par la foi, vu que cela ne peut ni se « gagner » ni « s'acheter » ; c'est un cadeau, et nous pouvons faire en sorte de nous rapprocher de Dieu, de protéger ce précieux cadeau et de travailler à la croissance de notre relation avec Dieu. John Wesley, un des pères du Mouvement de la Sainteté, croyait qu'il était important de prendre des mesures afin de protéger sa relation avec le Seigneur. En effet, il croyait si fortement à la responsabilité personnelle du chrétien en ce qui concerne ses propres habitudes, qu'il forma de petits groupes au sein desquels les croyants s'encourageaient les uns les autres à garder des habitudes saintes.

Á la fin de la leçon, chaque étudiant pourra trouver un ou deux « partenaires responsables » grâce à tes encouragements, pour l'aider à adopter des « habitudes pieuses ». Il peut s'agir de gens à l'intérieur ou à l'extérieur de la classe. La seule condition posée est que cette personne soit un(e) chrétien(ne) désireux(se) de s'engager dans l'encouragement de l'étudiant et qu'elle voie en lui/elle [l'étudiant] une personne totalement responsable de ses propres actes.

SEMAINE 5

THÈME : DECOUVRIR LA VOLONTE DE DIEU

La volonté de Dieu est pour tous

PASSAGES BIBLIQUES

Jean 3.16-18 ; 1 Jean 2.17 ; 1 Timothée 2.1-4 ; Jean 6.35-40

VIE

(Ce qui se passe aujourd'hui)

Avant le début du cours, choisissez trois à cinq membres de la classe (Ou des jeunes travailleurs) pour être des concurrents dans ce jeu. Remettez à tous les concurrent des crayons, des feuilles et une copie des mots et définitions suivants : *inveigle (in-vay) :* dénoncer avec violence ; *samfu (sam-foo) :* ensemble féminin chinois composé d'une veste et d'un pantalon ; *urticate (ur-tick-ayt) :* piquer comme une ortie ; cabriole (kab-ree-ol) : le pied d'une table qui ressemble à une patte tenant une balle ; *aubade (o-bad) :* musique le matin ; *fovea (fo-ve-ay) :* petite dépression ou fosse ; *succour (su-kor) :* aller au secours de quelqu'un, aider ; *graip (grape) :* fourche à trois ou quatre dents utilisée pour soulever le fumier ou labourer.

Tout d'abord, choisissez le concurrent qui donnera la définition correcte d'un mot donné, pendant que les autres concurrents préparent leur propre définition du même mot. L'objectif est que le reste de la classe puisse deviner la définition correcte. Après que le mot soit lu et que chaque concurrent ait dit sa définition, la classe doit voter pour la définition qu'il pense être correcte. Les concurrents reçoivent un point à chaque vote pour leur définition. Faites ce jeu avec autant de mots que vous le temps vous permettra de couvrir. Ensuite, posez les questions ci : était-ce difficile de choisir la bonne définition ? Est-ce facile de découvrir la vérité sur une chose sans aller à la source ? Qui ou quelles sont vos meilleures sources pour connaître la vérité ?

LA VÉRITÉ

(Ce que la Bible enseigne)

Il y a encore un mot que nous devons définir aujourd'hui — le mot, « volonté » comme dans « volonté de Dieu ». Une définition du dictionnaire du mot, « volonté » est :

1. La faculté par laquelle une personne décide ou conçoit qu'elle seule décide ou initie une action;
2. Contrôle exercé délibérément sur les impulsions, maîtrise de soi;
3. Désir délibéré ou intention;
4. Ce qui est désiré ou décrété par une personne.

Pensez-vous que ceci est une bonne définition de la volonté de Dieu? Comment la changeriez-vous? Est-ce si difficile de connaître sa volonté? Nous écoutons des gens dire ce qu'ils pensent de la volonté de Dieu, mais nous devons nous tourner directement vers la source (la Bible) pour savoir quelle est la volonté de Dieu pour tout un chacun.

Divisez la classe en cinq groupes (Ou si l'effectif de votre classe est inférieur à 10, faites des groupes de deux). Distribuez des crayons et des feuilles, et vérifiez que chaque groupe a au moins, une bible. La tâche pour chaque groupe est de résumer les messages contenus dans leurs versets. Ils doivent répondre autant que possible aux questions qui suivent: Qui, Quoi, Quand, Où, pourquoi, comment, en utilisant la Bible comme la source primaire. Assignez à chaque groupe, un des passages bibliques suivants: Actes des Apôtres 20.21 (Les gens doivent se tourner vers Dieu); Matthieu 7.21 (Seuls ceux qui font la volonté de Dieu entreront au ciel); 2 Pierre 3.9 (Dieu ne veut que personne périsse); 1 Timothée 2.1-4 (Dicu vcut quc tous soient sauvés); Jean 3.16-17 (Dieu a envoyé Jésus pour sauver et non pour condamner le monde).

Á la fin de l'exercice, demandez aux groupes de lire leurs résumés. posez la question: Qu'avez-vous découvert au sujet de la volonté de Dieu? Que diriez-vous à quelqu'un d'autre concernant la volonté de Dieu pour le monde? Pensez-vous qu'il est si facile de suivre cette partie de la volonté de Dieu?

ACTION
(Ce que je peux faire)

Maintenant que nous savons que la volonté de Dieu pour chacun est le salut, il ne reste plus qu'à prendre une décision. C'est à nous de rencontrer Dieu et d'accepter son cadeau d'amour du salut. C'est un choix personnel. Personne ne peut le faire pour toi. Nous savons que Dieu nous aime et veut que nous soyons siens. C'est la vérité, la réelle définition. Maintenant, cela dépend de toi. Encouragez les élèves à s'agenouiller sur leur chaise ou à retourner leurs chaises vers les murs de la classe pour quelques moments intimes avec Dieu.

SEMAINE 6

THÈME : DECOUVRIR LA VOLONTE DE DIEU

Nous appartenons totalement à Dieu

PASSAGES BIBLIQUES

1 Pierre 1.13-16 ; Éphésiens 4.25-32 ; Romains 12.1-2

VIE

(Ce qui se passe aujourd'hui)

Cette activité peut être faite en petits groupes ou avec un seul groupe. Vous aurez besoin d'au moins cinq couleurs différentes de papier pour chaque groupe. Chaque groupe doit s'asseoir en cercle et placer les papiers au milieu du cercle. Un à la fois, chaque membre de groupe doit sélectionner un morceau de papier coloré qui représente pour lui le type de chrétien *qu'ils sont, aujourd'hui.* Qu'ils expliquent leur choix, et replacent la feuille sur la pile. Après que cela est fait, chacun choisit un bout de feuille qui représente pour lui le type de chrétien que Dieu *veut qu'il soit.* Après avaoir justifié leur choix, ils peuevnt remettre le bout de feuille sur la pile. Après cela,,regroupez-les tous ensemble et demandez-leur si c'est facile ou difficile pour eux de distinguer le type de chrétien que Dieu veut qu'ils soient et ce que Dieu attend des chrétiens ?

La semaine dernière, nous avions discuté de la volonté de Dieu qui veut que chacun de nous accepte Christ comme son Sauveur. Dieu a aussi un désir pour ceux qui choisissent de croire réellement en lui. En utilisant de la craie ou un bout de feuille, tracez trois colonnes avec les titres suivants : ce que nous savons ; ce que nous voulons savoir ; comment nous pouvons apprendre. Trouver quelqu'un pour servir de secrétaire et demandez à la classe de répondre aux questions :

Ce que nous savons : Quelles sont les choses que nous savons déjà sur la volonté de Dieu pour les croyants ? Que nous réserve t-il pour que nous le soyons ou que nous le fassions ?

Ce que nous voulons savoir : Quelles sont les questions que nous nous posons à propos de la volonté de Dieu ?

Comment pouvons-nous apprendre : Comment trouvons-nous les réponses à nos questionsconcernant la volonté de Dieu ?

LA VÉRITÉ
(Ce que la Bible enseigne)

Formez quatre groupes composés chacun d'une personne au moins, ayant une bible au moins et dont la tâche consistera à imaginer le scénario suivant : Un camarade d'école vient et vous demande : « Dites-moi comment un chrétien devrait vivre. Qu'est-ce qui le différencie de quelqu'un qui n'est pas chrétien ? » Distribuez ces passages aux groupes : 1 Pierre 1.8-16 ; Romains 12.1-2 ; 1 Thessaloniciens 4.3-8 ; Éphésiens 4.25-32 ; 5.1-4, 15-21. Chaque groupe décide de ce qu'il répondra à son camarade. Par ailleurs, si le temps le permet, ils créeront des sketchs en se basant sur les réponse qu'ils partageront.. Une fois le partage terminé, vous leur demanderez ce qui suit ; quel est le principal point de ce passage en ce qui concerne la volonté de Dieu ? Quelles attitudes mentionnent vos versets ? Comment vivre ces attitudes, chaque jour ? Quels genres de changements doit-on opérer afin d'accomplir la volonté de Dieu ?

ACTION
(Ce que je peux faire)

Il était une fois, un funambule qui aimait marcher sur des hauteurs mortels. Un jour, il étendit une corde au-dessus d'une chute d'eau. S'il tombait, il mourrait assurément. Une foule de spectateurs le suivait du regard pendant qu'il marchait sur la corde vers l'autre rive. Ils l'encourageaient avec des cris joyeux pendant qu'il retournait vers son point de départ. La deuxième fois, il traversa deux fois à bicyclette, et la foule cria de plus belle. Á la fin, le danseur de corde plaça un petit chariot sur la corde et put traverser sans incident, sous le regard d'une foule complètement excitée et de plus en plus nombreuse. Il demanda aux gens de lever la main s'ils croyaient qu'il pouvait refaire la scène du chariot mais cette fois ci en transportant une personne dans le même chariot. Toutes les mains se levèrent. « Gardez votre main levée si vous êtes prêts à vous asseoir dans le chariot », dit-il. Toutes les mains s'abaissèrent.

Qu'arriva t-il à la foule ? Pourquoi cessèrent-ils de croire dès qu'il fût question de leur propre vie suspendue à une corde ? Nous lisons en 1 Jean 2.17 : « Le monde passe, et sa convoitise aussi, mais celui qui fait la volonté de Dieu demeure éternellement ». Voulez-vous faire la volonté de Dieu ? Le laisseriez-vous vous porter, même au-dessus d'une chute d'eau ?

SEMAINE 7

THÈME : DECOUVRIR LA VOLONTE DE DIEU

Dieu désire une relation personnelle

PASSAGES BIBLIQUES

Jérémie 29.11-13 ; 1 Jean 5.13-15 ; Jean 9.31 ; Psaume 37.3-4 ; 1 Timothée 1.18-19, 4.1-5 ; 2 Timothée 3.10-14, 16 ; Proverbes 1.4-5 ; Éphésiens 5.15-16 ; 1 Thessaloniciens 4.1

VIE

(Ce qui se passe aujourd'hui)

Bandez les yeux de deux ou trois volontaires et faites-les sortir de la salle de classe. Donnez à un autre élève un prix, par exemple, un bonbon. Cet élève devient la « vraie » voix. Pendant que les volontaires aux yeux bandés voudront retourner dans la classe et que celui qui détient le prix essaiera de les convaincre de venir à lui pour avoir le prix, les autres tenteront d'éloigner les volontaires du prix. Le premier volontaire qui arrivera au prix sera le « gagnant ». Après une minute, si aucun des volontaires n'a atteint le prix, ils devront arrêter le jeu. Les volontaires doivent choisir une voix et se diriger dans cette direction. Une fois ceci fait, vous leur demandez si c'était facile ou difficile de reconnaître la voix à suivre ? Pourquoi ? Quelle différence cela ferait si vous saviez qui avait le prix ? Cela aurait-il changé quelque chose à la difficulté ? Pense à ta vie. Pourquoi penses-tu que Dieu nous indique la direction à suivre dans notre vie ? Comment pouvons-nous entendre la voix de Dieu ?

LA VÉRITÉ

(Ce que la Bible enseigne)

Demandez à un élève de lire Jérémie 29.11-13. Selon ces versets, Dieu a un plan précis pour nos vies. Quelle est notre responsabilité par rapport à la volonté de Dieu pour nos vies ? Les volontaires entendaient tant de bruit tandis qu'ils essayaient de retrouver le prix. Distinguer clairement la voix à suivre aurait rendu les choses plus faciles. Il y a beaucoup de voix bruyantes dans notre monde qui veulent que nous cherchions des prix autres que ceux que Dieu nous réserve. C'est définitivement plus facile de découvrir le plan de Dieu pour notre vie lorsque nous reconnaissons sa voix.

Mettez les étudiants en quatre groupes d'un ou plus en leur assignant une »étape » dans le processus de découverte de la volonté de Dieu. Ensemble, ils doivent lire et résumer les messages des écritures pour leur « étape ». Quand tout le monde a fini, vous désignerez un élève dans chaque groupe pour présenter leur trouvaille.

PRIEZ

Parle à Dieu, puis attends et écoute sa réponse.

Jérémie 29.12—Invoque-moi, je t'exaucerai.

1 Jean 5.13-15—Si nous demandons quelque chose en accord avec la volonté de Dieu, il nous entend.

Jean 9.31—Dieu écoute la personne pieuse qui fait sa volonté.

LISEZ

Connais tes désirs et éprouve-les à l'aide des Écritures.

Psaume 37.3-4—Fais confiance à Dieu et il comblera les désirs de ton coeur.

2 Timothée 3.16—Toute l'Écriture est utile.

1 Timothée 4.1-5—Suis les bonnes instructions éprouvées par l'Écriture.

PARLEZ

Parle avec des chrétiens mûrs.

Proverbes 1. 4-5—Que celui qui a du discernement se laisse guider.

2 Timothée 3.10-14—Persévère dans ce que tu as appris.

1 Timothée 1.18-19—Retiens mes paroles

FAITES

Agis suivant ton option.

Éphésiens 5.15-16—Profite de toute occasion.

1 Thessaloniciens 4.1—Garde les bons préceptes.

ACTION
(Ce que je peux faire)

Qui parmi vous connaît clairement la volonté de Dieu pour sa vie ? Comment a-t-il su ce que c'était ? Combien de temps cela a-t-il pris ? Qu'est-ce qui l'a aidé ? Quelles sont les erreurs qu'il a commises pendant qu'il cherchait la volonté de Dieu ? Comment les autres chrétiens l'ont-ils aidé à découvrir la volonté de Dieu pour sa vie ? Quel rôle ont joué les Écritures ? Quels sont les avantages de suivre la volonté de Dieu ? Y vois-tu des inconvénients ? Que penses-tu qu'il arrive quand les gens choisissent de suivre leur propre volonté au lieu de la volonté de Dieu ?

SEMAINE 8

THÈME : DECOUVRIR LA VOLONTE DE DIEU

Que puis-je faire ?

PASSAGES BIBLIQUES

Matthieu 25.31-46 ; 28.16-20 ; 1Pierre 2.9-12 ; Romains 12.1-8 ; Éphésiens 4.1-16 ; Actes 1.8 ; Jacques 1.5-8

VIE

(Ce qui se passe aujourd'hui)

Demandez aux étudiants de former des couples selon leurs affinités. Cette activité vise à partager des informations personnelles. Lisez dans l'ordre les questions suivantes. Ce questionnaire sera suivi d'une discussion pour savoir laquelle des quatre réponses correspond le mieux à leur réponse : **1. Je le ferais ! 2. Je le ferais, peut-être si personne ne regardait. 3. Ce n'est pas vraiment mon style. 4. Je ne ferai jamais çela.**

- Un ami demande : « Tu es chrétien, n'est-ce pas ? Veux-tu me parler de Dieu ? Veux-tu ?
- Un missionnaire en visite parle des besoins des gens qui vivent dans un autre pays. Il invite des gens à venir devant, prier pour leur engagement dans le ministère. Irez-vous devant ?
- Vous traversez le campus de votre école et vous rencontrez un(e) inconnu(e), mais vous sentez que Dieu veut que vous lui parliez ou que vous soyez aimable avec lui/elle. Le ferez-vous ?
- Vous voyez votre voisin d'un certain âge se démener pour déplacer un objet. L'aideriez-vous ?
- Vous voyez un enfant seul en train de pleurer. Ses parents semblent ne pas être avec lui. Le consoleriez-vous ?
- Vos amis se moquent de quelqu'un. Défendriez-vous la personne dont ils se moquent ?

Dès que vous aurez fini, posez les questions suivantes à toute la classe : Est-ce que Dieu nous demande de nous engager dan le ministère ? Pourquoi ? Qu'est-ce que le service chrétien ? Qui Dieu veut-il que nous servions ? Pensez-vous que Dieu choisit des personnes spéciales pour le servir ? Certains sont-ils dispensés du ministère ? Pourquoi ou pourquoi pas ?

LA VÉRITÉ
(Ce que la Bible enseigne)

Distribuez les passages bibliques suivants aux quatre groupes déjà formés pour qu'ils les résument et qu'ils partagent leurs conclusions avec la classe.

Matthieu 25.31-46 : Le service (ministère) n'est pas simplement une option à considérer, mais c'est aussi une chose dont les conséquences sont éternelles - le ciel ou l'enfer. Nous ne pouvons pas être des chrétiens complets si nous ne servons pas !

Matthieu 28.16-20 : Jésus a donné à tous ses disciples la mission de servir. (Rappelez à la classe les premières occupations des disciples : pêcheurs, menuisiers, collecteurs d'impôts, etc., mais, il n'y avait aucun pasteur parmi eux !)

Éphésiens 4.1-16 : Quand chaque membre (Pasteur, enseignant, exhortateur, etc.) contribue, le corps grandit.

1 Pierre 2.9-115 : Nous sommes tous des ministres (Membres du saint sacerdoce). Nous sommes tous appelés à parler de Dieu et à vivre pieusement afin que les incrédules puissent voir Dieu en nous et désirent le connaître [Dieu].

Si Dieu nous appelle à être ses témoins, il nous équipera aussi pour le travail. Discutez comment Dieu a promis de nous équiper pour faire son travail après avoir lu les passages ci-suit : Actes 1.8. Vous recevrez la puissance ; Romains 12.1-8. Un corps, plusieurs membres, différents dons ; Jacques 1.5-8. Dieu donnera la sagesse à ceux qui la demandent.

ACTION
(Ce que je peux faire)

Réfléchissez sur des moyens spécifiques de pourvoir aux besoins des autres : un événement d'un jour, une activité ou un ministère d'une semaine, etc. Prochainement, choisissez une ou plusieurs idées pour en faire un projet de groupe. Une fois le projet commencé, demandez au groupe de répondre à ce questionnaire pendant l'établissement du programme. Pensez à ces questions : Pourquoi voulons-nous réaliser ce projet particulier ? Á qui voulons-nous témoigner ? Quels sont les besoins du groupe auquel nous voulons témoigner ? De quels matériels aurons-nous besoin ? Quels résultats visons-nous dans ce projet ? Quels résultats pensons-nous que Dieu attend de ce projet ?

Ne comptez pas finir la planification du projet cette semaine. Demandez à la classe de commencer et aidez-les à s'engager dans la réalisation de leur projet relatif au service en trouvant le temps et un lieu pour se rencontrer et poursuivre le projet. Rappelez aux élèves que les ministères qu'ils planifient sont très importants et que leur disponibilité pour Dieu est tout aussi important. Le ministère est plus qu'un simple « événement » ; il doit être une manière de vivre.

SEMAINE 9

THÈME : MA FOI, TA FOI

Est-ce que c'est chrétien ?

PASSAGES BIBLIQUES

Jean 14.6 ; Romains 3.21-26 ; 6.23 ; 1 Jean 4.1-3

VIE

(Ce qui se passe aujourd'hui)

Lisez le témoignage suivant et demandez s'il contient des informations suffisantes, permettant de conclure que l'annonceur est chrétien. Les étudiants doivent justifier leurs réponses.

« Je crois que Jésus n'était ni un mythe, ni une légende, mais il a réellement existé. Il nous a appris tant de choses sur Dieu et sur l'importance de s'aimer les uns les autres. Mon enseignant de l'école du dimanche m'a beaucoup aidé à comprendre cela. Elle m'a influencé de telle façon que je lutte pour préserver mon corps de toutes sortes d'abus comme la drogue ou l'alcool. Je crois en effet que mon corps est le temple du Saint Esprit ! Le peuple de Dieu m'a aussi appris la signification du service. Alors, j'aide autant que je peux. En dernier lieu, je prie quand je suis découragé et Dieu m'aide. »

Bien que le témoignage semble chrétien, nous avons réellement besoin d'informations supplémentaires pour pouvoir décider si l'annonceur est chrétien ou pas. Dans ce cas ci, la personne qui donne ce témoignage n'est pas chrétienne, mais elle est membre d'une communauté. Souvent, certaines croyances sont chrétiennes que d'apparence alors qu'elles sont totalement différentes dans leur contenu.

LA VÉRITÉ

(Ce que la Bible enseigne)

Vu que nous communiquons tous avec des gens qui ont des croyances différentes des nôtres, alors, il est essentiel que nous comprenions ce que la Bible enseigne sur Dieu, Jésus, le péché, le salut, la vie après la mort, et les pratiques spirituelles. Vous pouvez suggérer aux étudiants d'énumérer leurs croyances personnelles dans chaque catégorie en incluant les vérités trouvées en Jean 14.6 ; Romains 3.21-26, 6.23 ; 1 Jean 4.1-3, etc., et ce qui suit :

- Dieu est le Tout-puissant, le Créateur éternel. Il aime sa création et veut établir une relation personnelle avec son peuple.
- Jésus Christ est le Fils de Dieu. Il est né de la vierge Marie. Il mourut pour les péchés du monde et, ressuscita d'entre les morts, monta au ciel d'où il reviendra pour prendre ses disciples avec lui.
- Tout le monde a péché et a besoin du pardon de Dieu. Le prix du péché non pardonné est la mort spirituelle.
- La mort de Jésus a rendu possible le pardon et la restauration des pécheurs dans la relation avec Dieu. Ceci est un cadeau gratuit, que nous recevons uniquement par la foi.
- Tous seront jugés par Dieu. Ceux qui ont reçu le pardon et sont justifiés avec Dieu se réjouiront éternellement avec lui ; ceux qui n'auront pas reçu le pardon souffriront la séparation éternelle entre eux et Dieu.
- Il est essentiel pour le chrétien de lire la Bible, de prier, d'aimer les autres, de louer Dieu seul ou en groupe, de prendre la sainte cène et d'être baptisé.

Quand quelqu'un vous parle de ses croyances, quelles questions devriez-vous lui poser pour découvrir s'il est chrétien ou non ? (Ex. : Dieu a-t-il toujours existé ? Est-il devenu humain pour mourir pour nos péchés ? Est-il ressuscité ? Croyez-vous que le péché nous sépare de Dieu ?)

ACTION
(Ce que je peux faire)

Quelles sources les gens utilisent-ils pour décider de leur croyance ? Quelles sources les gens devraient-ils utiliser lorqu'ils décident d'adopter une croyance ? Il y a six sources concernant la foi : 1) Les Écritures ; 2) La tradition - l'enseignement transmis de génération en génération ; 3) L'autorité - un croyant ou un groupe de croyants respecté ; 4) La raison - une conclusion logique ; 5) Une expérience personnelle - le résultat d'une chose qui m'est arrivé ; 6) L'intuition - le sentiment qu'une chose est juste, résultante souvent de la prière.

Si une croyance est basée sur une seule source, mais qu'elle contredit deux ou plusieurs autres enseignements, il est fort probable qu'il s'agisse d'une fausse croyance. D'où la grande nécessité de comprendre non seulement ce que nous croyons, mais aussi pourquoi nous y croyons. Terminez par la prière en demandant à Dieu de vous aider à devenir des « chrétiens qui pensent » qui savent exactement ce qu'ils croient et pourquoi ils y croient et qui n'ont pas peur de parler de leur foi aux autres.

SEMAINE 10

THÈME : MA FOI, TA FOI

L'Église universelle

PASSAGES BIBLIQUES

Jean 17.20-23 ; Éphésiens 4.1-6

VIE

(Ce qui se passe aujourd'hui)

Commencez par demander à quelles églises (A part la vôtre) vont vos amis ? Leurs croyances sont-elles les mêmes que les vôtres ou différentes des vôtres ? En quoi ces différences rendent-elles votre relation difficile, si toutefois il y a des différences ? Quelles sont les ressemblances et les différences entre votre culte et le leur ? Quelle est la nature de leurs activités religieuses ? Est-ce que leurs croyances influencent vraiment leur vie ?

Les différences de croyances religieuses ont causé beaucoup de problèmes durant des siècles. Ceci est triste parce que, dans beaucoup de cas, nos problèmes sont souvent le résultat de malentendus. La religion dominante dans notre région est le Catholicisme romain. Voyons combien nous connaissons les catholiques romains.

LA VÉRITÉ

(Ce que la Bible enseigne)

(Bien que l'Église catholique romaine ait réformé plusieurs de ses doctrines que les protestants considèrent comme fausses, certaines des pratiques individuelles devaient cependant, s'ajuster à ces changements. Donc, la foi d'un individu peut être très différente des croyances de l'église).

Posez les questions suivantes vrai ou faux et débattez les réponses.

- L'Église catholique enseigne que si quelqu'un ne fait pas partie de la dite Église, il n'est pas chrétien et s'il meurt, il n'ira pas au ciel. (Faux -d'autres églises sont acceptables si elles enseignent les Écritures, la grâce, la foi, l'espérance, l'amour, les dons de l'Esprit, et le baptême).

- Au Moyen-âge, l'Église catholique vendait le pardon (Vrai - une telle corruption fut la cause de la réformation protestante. Dès lors, l'Église catholique tenta de bannir tout cela)
- Les catholiques enseignent que le pardon est effectif quand une personne confesse ses péchés à un prêtre. (Faux Les catholiques croient en un repentir sincère et ont confiance dans le pardon de Christ. En revanche, certains assument à tort que c'est le prêtre qui pardonne les péchés et que ceci n'est pas l'oeuvre du Christ. De plus, d'autres assument la fausse croyance qu'ils sont pardonnés en donnant l'aumône ou en faisant de bonnes oeuvres.)
- La Bible catholique inclut l'Ancien et le Nouveau Testament et 14 autres livres. (Vrai - Elle contient « les Apocryphes » - 14 livres contenant autant d'informations sur la vie de Jésus et sur ses enseignements que de questions et de traditions. Les protestants n'acceptent pas les Apocryphes comme des écrits authentiques).
- Les catholiques enseignent qu'on peut prier et faire des offrandes pour les morts afin de les aider à échapper au purgatoire plus vite et d'entrer au ciel. (Vrai -Les catholiques croient que le purgatoire est un endroit après la vie où les soi-disant chrétiens « pécheurs » vont souffrir jusqu'à ce qu'ils soient suffisamment purifiés pour entrer au ciel. Les protestants n'acceptent pas cette croyance).
- Les protestants et les catholiques ont en commun la plupart des croyances de base. (Vrai -Malgré l'écart entre les traditions, leur racine et leur fondement viennent de la même source scripturaire.Toutes les églises chrétiennes trouvent leur origine dans l'église catholique).

Lisez Jean 17.20-23 et Éphésiens 4.1-6. Quel est le message de Jésus et de l'apôtre Paul pour les catholiques et les protestants d'aujourd'hui ? Aidez les étudiants à comprendre la différence entre *l'uniformité* et *l'unité*. Il y a certains principes fondamentaux que tous les chrétiens doivent garder tandis que d'autres ont une base plus culturelle ou historique que scripturaire. Quelles sont les fondements du Christianisme et lesquels sont culturels et historiques ? En dépit des différences dans la tradition et le culte d'adoration,les catholiques et les protestants servent le même Seigneur et Sauveur, Jésus Christ.

ACTION
(Ce que je peux faire)

Comment les catholiques et les protestants peuvent-ils enrichir mutuellement leur foi ? Comment peuvent-ils contribuer à la consolidation de la foi de l'Église entière ? Quelle ironie que l'Église prêche la paix au monde alors qu'elle est déchirée par des conflits intestines. Priez pour la paix, l'amour et l'unité dans l'Église, comme Jésus le fit en Jean 17.

SEMAINE 11

THÈME : MA FOI, TA FOI

Ce que les juifs peuvent enseigner aux chrétiens

PASSAGES BIBLIQUES

Deutéronome 6.4-5 ; Michée 6.8 ; Matthieu 22.34-40

VIE

(Ce qui se passe aujourd'hui)

Divisez la classe en trois groupes. Demandez au groupe 1 de discuter pour savoir si le monde dans son ensemble *espère* ou désespère quant au futur ? Et pourquoi ? Demandez au groupe 2 de discuter, si en tant qu'enfants de Dieu, nous sommes optimistes ou pessimistes quant a l'avenir de notre monde, et pourquoi. Demandez au groupe 3 de discuter les rôles que Dieu et le peuple de Dieu jouent dans le futur du monde.

Après cinq minutes de discussion, demandez à chaque groupe de résumer en quelques lignes leurs conclusions. Ces questions sont parmi les plus importantes sur le Judaïsme, la religion des Juifs.

LA VÉRITÉ

(Ce que la Bible enseigne)

Tracez deux colonnes sur un tableau ou une feuille avec les titres suivants : « Croyances identiques » et « Croyances opposées, » et demandez aux étudiants de faire une comparaison écrite entre le Christianisme et le Judaïsme,. (Ci-dessous, figure une brève esquisse des croyances majeures du Judaïsme.)

- Il y a un Dieu créateur unique.
- Jésus était un grand et honorable maître juif, mais pas le Messie.
- Pécher, c'est refuser de faire le bien quand on en a l'occasion ; ce n'est pas un état de mort spirituelle mais c'est le résultat de l'inconscience.
- On est sauvé en découvrant sa bonté naturelle, en faisant le bien et en pratiquant les préceptes de la Torah.

- La croyance concernant la vie après la mort a donné lieu à une controverse - les uns croient en la résurrection du corps tandis que les autres n'y croient pas.
- Les pratiques spirituelles comprennent : l'apprentissage de la Torah, la prière, l'adoration au temple, l'observation des rituels et des jours saints, les actes d'amour, de compassion, de justice, le fait de travailler pour la paix, l'harmonie et l'unité.

Les Juifs tirent la plupart de leurs croyances du Talmud (Leurs « enseignements ») qui comprend l'Ancien Testament. Lisez les versets et posez les questions ci suit : Deutéronome 6.4-5, Michée 6.8 - Croyez-vous ceci ? Pourquoi ? Matthieu 22.34-40 - Comment Jésus aurait-il répondu à ces questions ? Quelles sont les croyances communes aux chrétiens et aux Juifs ? (Un Dieu saint que nous devons aimer de tout notre coeur et aussi notre prochain en plus de pratiquer la justice envers tous.)

Les Juifs croient que pour préparer le monde au règne du Messie, Dieu a besoin que l'humanité répande l'amour à travers des bonnes oeuvres. Donc, la communauté juive travaille durement pour aider Dieu à créer un monde meilleur. Cet engagement est résumé en Michée 6.8. De quelles façons les Juifs peuvent-ils accomplir de bonnes œuvres dans le monde ? Demandez à quelqu'un de recueillir les réponses de chaque étudiant. Si les questions sont difficiles pour eux, proposez des thèmes comme les relations humaines, la pauvreté, la santé, l'éducation, la criminalité, la politique et l'environnement. Les Juifs voient un monde rempli d'espoir, mais pas un monde où règne constamment le mal. Comment les chrétiens pourraient-ils mûrir aux côtés d'un Judaïsme qui défie (encourage) leur foi et continuer malgré tout de croire en Christ ?

ACTION
(Ce que je peux faire)

Les Juifs essaient de maintenir un équilibre entre la vie spirituelle de l'individu et l'implication sociale dans le monde. Ils croient que le moyen de réussir le seul vrai test de leur amour pour Dieu, c'est de partager l'amour de Dieu avec le reste du monde. En tant que chrétiens, comment mesurons-nous cette gageure ? La communauté juive est respectée pour ses bonnes oeuvres dans le monde. Parfois, nous chrétiens, sommes si préoccupés de noous-mêmes que nous négligeons le travail de Dieu pour la paix et la justice dans le monde. Faire de bonnes oeuvres est une excellente façon d'exprimer notre amour pour Dieu et pour les autres. Bien que les bonnes oeuvres traduisent notre amour pour Dieu, elles ne peuvent cependant pas nous faire gagner (ou mériter) l'amour de Dieu car l'amour divin est gratuit et inconditionnel, Ainsi, prions Dieu de nous guider vers des gens et des endroits où nous pourrons être les humbles ambassadeurs de son amour inconditionnel.

SEMAINE 12

THÈME : MA FOI, TA FOI

Le doute de Thomas

PASSAGES BIBLIQUES

Psaumes 19.1-4; Actes 17.16-34; Romains 1.18-20; 1 Pierre 3.15

VIE

(Ce qui se passe aujourd'hui)

Demandez la définition du mot « athée » : (C'est quelqu'un qui ne croit pas en l'existence de Dieu). Que répondrait un athée à cette question : « Quelles questions vous posez-vous sur le Christianisme et qui vous empêchent de croire en Dieu ? » Après avoir formulé plusieurs questions, les étudiants diront celles qu'ils se posaient avant de devenir chrétiens.

Toutes les questions difficiles sur la foi cachent une grande question : celle concernant Dieu. « Existe-t-il un Dieu ? Est-ce que Dieu se préocupe de moi ? Puis-je connaître Dieu ? » Si ces questions ne rencontrent pas de réponses, il sera alors impossible de bâtir une vie de foi.

LA VÉRITÉ

(Ce que la Bible enseigne)

Imagine que tu séjournes chez ton ami et pendant une de vos discussions, vous commencez à aborder des questions personnelles comme : Aimes-tu quelqu'un ? Quels sont tes projets ? etc. Mais après un bon moment, la conversation dévie vers la religion et l'église, et ton ami te demande comment quelqu'un peut être vraiment sûr que Dieu existe. Que lui répondras-tu ? Faites deux équipes et trouvez une réponse à la question de ton ami. Les équipes pourront utiliser dans leur réponse toutes les preuves (Ou indices) qu'elles trouveront, y compris les saintes Écritures. Quand le temps imparti arrivera à son terme, vous regrouperez les équipes pour écouter leurs réponses.

Nous devons toujours être capables de donner raison de notre foi. Nous ne pouvons pas juste marmonner, « parce que. » Lisez en 1 Pierre 3.15 ce que Pierre eut à dire à ce propos. Pierre avait compris que l'évidence derrière notre foi peut être justement ce dont nos amis ont besoin pour avoir les réponses à leurs questions. Cependant, nous devons nous rappeler que la foi est un cadeau de Dieu. Personne ne peut se « convaincre » soi-même de se tourner vers la vie spirituelle. Un pas de foi est nécessaire.

Demandons-nous comment Paul a réussi son témoignage face à ces gens en lisant Actes 17.16-34. ? Amener les gens à Christ ne dépend pas d'une bonne argumentation, mais du temps que nous prenons pour comprendre et bâtir une relation avec autrui tout en laissant Dieu travailler à travers nous pour les amener à lui.

ACTION

(Ce que je peux faire)

Écrivez les affirmations suivantes sur un tableau ou sur une grande feuille en les classant dans deux colonnes. Écrivez la moitié d'une affirmation dans une colonne et l'autre moitié dans une autre colonne en vérifiant que vous avez bien mélangé les mots dans le désordre. Il s'agit de retrouver les deux moitiés d'une même affirmation. Quand chaque affirmation sera complète, des volontaires viendront énoncer ces affirmations avec leurs propres mots.

1. Marcher ... ton langage. (Ton style de vie, tes attitudes, tes valeurs doivent appuyer tes paroles.)
2. Gagnez le droit ... d'être entendu. (Deux personnes ont besoin de temps pour apprendre à se faire confiance et parvenir à une solide entente sur les questions essentielles de la vie.
3. Derrière chaque question hostile... il y a un coeur qui cherche à blesser. (Beaucoup de sceptiques ont eu une mauvaise et/ou douloureuse expérience, soit avec l'église, soit avec la religion, de manière générale.)
4. Quand tu ignores la réponse ... admets-le. (Sois honnête quand les questions te dépassent. Mais, ne t'arrêtes pas là. Trouve les réponses à leurs questions, ensuite, retourne vers eux avec des réponses).
5. Connais ta foi... et saches pourquoi tu crois. (Sois toujours prêt à répondre de ta foi.)
6. N'aies pas peur... d'être humain. (Être un chrétien ne te rend pas parfait. Tu chuteras encore et encore.
7. Mais, tu peux vivre en croyant intègre et engagé pour la vérité et pour Dieu.

Encouragez les étudiants à prier quotidiennement pour avoir des opportunités de partager avec leurs amis et leurs familles, l'amour de Dieu et le message de l'évangile en paroles et en actions,.Terminez avec une prière.

SEMAINE 13

THÈME : SERMON SUR LA MONTAGNE

Le caractère du royaume

PASSAGES BIBLIQUES

Matthieu 5.1-10

VIE

(Ce qui se passe aujourd'hui)

Divisez la classe en trois groupes ou quatre groupes. Assignez à chaque groupe une personnalité différente bien connue de la présente société, tel le Président, telle une célébrité du cinéma, un musicien, ou une personnalité du sport. Á partir des informations qu'ils possèdent sur leur célébrité, les groupes établiront une liste des cinq vertus cardinales de cette personne, c'est à dire cinq choses qui sont essentielles pour cette personne (ses croyances). (Propositions : athlétisme, santé, politique, liberté d'expression, etc.) et certaines qualités qu'ils admirent chez cette célébrité.

Après avoir dressé les listes, dites-leur que leur célébrité s'est porté comme candidat pour être élu à la tête de leur groupe de jeunes ou de leur classe. Eux seront sont les comités de campagnes ! Accordez-leur quelques minutes pour discuter des stratégies de la campagne, puis commencez le débat. Pendant le débat, chaque groupe aura la possibilité de battre campagne pour son candidat, en utilisant les vertus qui sont dans leur liste élaborée ci-dessus. Vous serez le modérateur en accordant à chaque groupe la possibilité de répondre aux questions posées : Quel est la première chose que votre candidat fera lorsqu'il sera élu Président de la jeunesse ? Quelles activités entreprendra le groupe de jeunes si leur candidat était élu à la tête de la jeunesse ? Dites-nous pourquoi votre candidat est qualifié pour ce poste. Pendant qu'ils répondent aux questions, notez les réponses qui ne correspondent pas tout à fait aux vertus de chaque célébrité, reportées dans les lettres. Après avoir donné l'opportunité à chaque groupe de défendre sa position, faites le vote pour désigner la célébrité vainqueur.

Qu'est-ce que cette activité vous enseigne sur les vertus ? Quelle(s) vertu(s) avez-vous citée(s) en faveur d'une célébrité et que vous-même possédez ? Pourquoi sont-elles importantes pour vous ? Quelles vertus devrait posséder un chrétien, selon vous ? Pourquoi avoir choisi justement celles-ci ?

LA VÉRITÉ
(Ce que la Bible enseigne)

Demandez à la classe de consulter Matthieu 5.1-10. Lisez à haute voix les versets 1-2, et demandez aux élèves de lire à tour de rôle les versets 3-10. Demandez à la classe de définir les termes suivants : Les pauvres en esprit (Ceux qui reconnaissent leur pauvreté spirituelle sans Dieu), les affligés (Ceux qui ont une seule alternative, celle de mettre leur espérance en Dieu qui seul peut les consoler), les débonnaires (Ceux qui dépendent humblement de Dieu pour leurs besoins), Ceux qui ont faim et soif de la justice (Ceux qui sont rendus justes avec Dieu, et loyaux envers Jésus et envers le royaume de Dieu), les miséricordieux (Ceux qui aiment leurs ennemis, sont généreux envers les nécessiteux, et pardonnent aux autres comme Dieu pardonne), Ceux qui ont le coeur pur (Ceux qui sont intègres et saints.), Ceux qui procurent la paix (Ceux qui favorisent la réconciliation dans un conflit), Ceux qui sont persécutés (Ceux qui subissent le rejet, la haine des autres jusqu'à même être tués pour l'amour du Christ).

Cette section des Écritures est connue sous le nom de « Béatitudes ». Elles nous montrent la vision que Jésus se fait du monde. Quelle est la différence entre les Béatitudes et la vision de notre société sur le monde ? Pourquoi pensez-vous que Jésus demandait à ses disciples d'être si radicalement différents du monde ? Si vous aviez à faire la description d'un chrétien uniquement basée sur ces versets, comment le décririez-vous ?

ACTION
(Ce que je peux faire)

Les autres peuvent connaître nos vertus par la façon dont nous vivons. Demandez aux élèves de partager une vertu, à tour de rôle en Matthieu 5.1-10, celles qu'ils veulent témoigner dans leurs vies. Donnez à chacun un bout de feuille, et encouragez-le à écrire une lettre à Dieu pour demander son aide afin de vivre la vision du Royaume. Quand ils auront fini d'écrire leurs lettres, dites-leur de la glisser dans une enveloppe, de la cacheter et de l'adresser à eux-mêmes. Planifiez de porter ou de livrer les enveloppes dans six semaines, environ. Elles serviront de rappel pour cette leçon, pour les encourager à continuer dans cette vision chrétienne du monde.

La séance tire à son terme, faites une prière d'actions de graâce à Dieu pour sa vision du monde, aussi pour lui demander d'aider individuellement chacun, à développer les vertus du Royaume dans sa vie.

SEMAINE 14

THÈME : SERMON SUR LA MONTAGNE

L'authentique christianisme

PASSAGES BIBLIQUES

Matthieu 6.1-8, 16-18 ; 7.21-27

VIE

(Ce qui se passe aujourd'hui)

Divisez la classe en trois groupes. Donnez aux groupes les instructions suivantes : Chacun d'entre nous voit des choses qui lui paraissent vraiment bonnes au premier abord, mais en y regardant de plus près, il découvre qu'elles ne sont pas ce qu'elles paraissaient être. Ces choses sont appelées des contrefaçons (Non authentiques). Je veux que chaque groupe donne trois exemples de contrefaçons. Une fois cela fait, demandez aux groupes de partager leur trouvaille et d'expliquer pourquoi ces exemples sont des contrefaçons. (Les exemples incluront des choses telles des publicités sur des régimes alimentaires, des propositions pour s'enrichir en peu de temps, des faux billets de banque, etc.). C'est facile d'identifier des choses ou des personnes fausses D'après vous, est-ce que c'est facile de dire si quelqu'un est un vrai ou un faux chrétien ?

Évaluez ces qualités sur une échelle de 1-10 selon leur importance pour une identification du vrai chrétien :

1. Étudier minutieusement les Écritures.
2. Être enthousiaste et actif dans sa foi en Dieu.
3. Être rempli du désir d'aller au culte et à la prière.
4. Mémoriser les versets bibliques.
5. Ne pas avoir peur de prier en public.
6. Être actif dans l'église locale.
7. Jeûner régulièrement.
8. Avoir la volonté de dénoncer l'impiété.
9. Avoir une bonne compréhension de l'abc théologique.

Après avoir évalué les qualités, dites-leur que ces qualités sont celles des pharisiens de la Bible. Jésus encourageait ses disciples à dépasser ces qualités pour rechercher la foi authentique. Vous ne pouvez pas affirmer si quelqu'un est un chrétien authentique simplement à partir de ce qu'il fait ou ne fait pas, ou de sa façon d'être. Il faut aller au-delà des considérations superficielles.

LA VÉRITÉ
(Ce que la Bible enseigne)

Utilisez les trois groupes et assignez-leur respectivement un passage : Matthieu 6.1-4, 5-8, 16-18. à lire pour identifier les différences entre un vrai chrétien et un simple religieux. Après, demandez-leur de rapporter leur réponse. Ensuite, posez les questions suivantes : Il semblerait que chaque passage mentionne une action et comment celle-ci devrait être jouée. Pensez-vous que c'est l'action elle-même que Jésus considérait comme « chrétienne » ou « non chrétienne » ? Si c'est non, que pensez-vous que Jésus essayait de nous enseigner ? Aujourd'hui, est-ce si difficile pour vous de différencier un chrétien authentique d'un faux chrétien ? Comment pourriez-vous faire la différence ? (L'attitude) Si le Christianisme est autant une question d'attitude qu'une question d'action, comment mesureriez-vous l'attitude ?

ACTION
(Ce que je peux faire)

1. Demandez à chaque étudiant de la classe laquelle des phrases 1 et 2 s'applique mieux à sa personne.
2. Est-ce que je suis Jésus tout le temps (2), ou juste quand cela me convient (1) ?
3. Est-ce que me contente d'obéir seulement aux règles chrétiennes (1), ou ai-je une réelle relation avec Christ (2) ?
4. Est-ce que je dis toujours aux autres ce que j'ai fait pour Dieu (1), ou est-ce que je le garde pour moi-même (2) ?
5. Est-ce que j'ai la joie de raconter aux autres ce que Christ fait dans ma vie (2), ou est-ce que je garde le silence sur cela (1) ?
6. Est-ce que je me soucie plus de ce que les autres pensent (1), ou de ce que Dieu pense (2) ?

Toutes les phrases marquées avec un (1) sont le genre de choses que les gens religieux font, et toutes les phrases avec un (2) sont le genre de choses qu'un authentique chrétien ferait. Quel est ton résultat ? Terminez avec une requête, demandant à Dieu d'aider toute personne présente pendant la leçon à devenir un chrétien authentique.

SEMAINE 15

THÈME : SERMON SUR LA MONTAGNE

Donnez à Dieu la première place

PASSAGES BIBLIQUES

Matthieu 6.19-34 ; 19.16-30

VIE

(Ce qui se passe aujourd'hui)

Demandez à chaque élève d'écrire son programme hebdomadaire type - comme ils le feraient dans un journal intime. Demandez-leur d'inclure tout ce qu'ils font : école, sommeil, nourriture, devoirs, aller à l'église, sports, dévotions, travail, etc. Puis, demandez-leur d'additionner le temps total qu'ils passent dans chaque activité. Une fois ceci fait, demandez-leur de choisir les dix activités qui leur prennent le plus de temps.

Une façon de juger de nos réels centres d'intérêt, et d'évaluer le temps que nous consacrons à ces activités. Demandez à chacun de partager les trois activités dans lesquelles ils passent le plus de temps. Marquez-les au tableau ou sur une feuille. Déterminez les trois premières activités en moyenne pour la classe entière. Nous avons tendance à passer notre temps dans les activités qui comptent le plus pour nous. Nous les appelons nos priorités. Á partir de cette liste, nous avons déterminé quelles sont nos priorités. Est-ce que votre liste est une description exacte des priorités de votre vie ? Pourquoi ou pourquoi pas ? Quelles sont vos vraies priorités ?

LA VÉRITÉ

(Ce que la Bible enseigne)

Divisez votre classe en deux groupes. Assignez à un groupe Matthieu 6.19-24 et à l'autre groupe Matthieu 6.25-34. Demandez à chaque groupe de résumer les versets en une seule phrase et avec leurs propres mots, de dire quelles sont les priorités de Dieu. Quand ceux-ci auront fini cet exercice, dites-leur d'exposer respectivement leur travail. Les priorités possibles peuvent comprendre : ne pas amasser des trésors sur la terre mais au ciel ; ne pas servir deux maîtres à la fois, mais un seul ; ne pas s'inquiéter du lendemain parce que Dieu prend soin de vous ; chercher le royaume des cieux d'abord, etc.

De quelles façons, les priorités que nous venons d'énumérer ci-dessus sont-elles différentes de celles de Dieu ? Qu'est-ce qui les rend semblables ? Si elles sont différentes, comment peut-on savoir laquelle perspective est juste ? La nôtre ou celle de Dieu ?

En utilisant les mêmes groupes, demandez à chacun de lire Matthieu 19.16-30 et d'imaginer une paraphrase moderne pour cette histoire. L'histoire doit tourner autour d'un jeune typique qui a le plus grand mal à abandonner la vie mondaine afin de suivre Dieu. Ensuite, que chaque groupe fasse la mise en scène ou raconte son histoire devant toute la classe.

Pensez-vous qu'il est difficile de faire des priorités de Dieu nos priorités ? Pourquoi ? Pensez-vous que Dieu nous en demande trop ? Qu'arrive-t-il d'habitude quand nous poursuivons nos priorités personnelles ? Qu'arrive-t-il quand nous poursuivons les priorités de Dieu ?

ACTION
(Ce que je peux faire)

Faire des priorités de Dieu nos propres priorités peut être une chose difficile, quelquefois. Souvent, cela signifie que nous devons abandonner quelque chose que nous pensions vraiment important. (Donnez un témoignage sur votre vie.) Cependant, quand nous recherchons la volonté de Dieu, ce qui était important pour nous auparavant est remplacé par de nouvelles choses, des choses meilleures. Matthieu 6.33 est réellement la clé pour nous montrer comment aligner nos priorités à celles de Dieu :« ....» Comme nous apprenons à rechercher son Royaume par-dessus tout, Dieu pourvoiera à nos besoins pour être des citoyens de ce Royaume. Quelles sont des étapes pratiques que nous pouvons franchir pour garder nos priorités alignées à celles de Dieu ?

Terminez en demandant aux élèves de prier en silence et demander à Dieu son aide pour apprendre à rechercher son Royaume, d'abord et que leurs priorités soient les sienne.

SEMAINE 16

THÈME : SERMON SUR LA MONTAGNE

Soyez différents !

PASSAGES BIBLIQUES

Matthieu 5.17-48

VIE

(Ce qui se passe aujourd'hui)

Divisez la classe en deux ou trois groupes composés d'une ou plusieurs personnes, suivant l'effectif de la classe. Vous dites, beaucoup de gens pensent que le Christianisme est un chapelet de règles : faites ceci, faites cela. Et, c'est pour cette raison que la majorité des gens ne veulent pas être des chrétiens. Chaque groupe a trois minutes pour énumérer autant de choses permises qu'interdites dans le Christianisme. Essayez d'en citer au moins dix. Ensuite, vous mimerez les mots pour que le reste de la classe devine les réponses.

Quand le temps sera écoulé, chaque groupe mimera les choses interdites ou autorisées de sa liste et les autres groupes essayeront de deviner les réponses. Les groupes mimeront, à tour de rôle, un seul interdit ou une seule approbation à la fois. Le jeu doit être clair ; une fois qu'un interdit ou une approbation est mimé(e) par un groupe, il/elle ne peut être repris(e) par un autre groupe. Une fois ceci fait, posez les questions suivantes : Pourquoi les gens pensent que le Christianisme est une simple litanie de choses permises et interdites ? Si tous ces interdits et ces approbations disparaissaient, que resterait-il du Christianisme ? (La relation avec Dieu et avec les autres chrétiens demeurera).

Est-il vrai que le Christianisme a été instauré acvec des prescriptions et des lois ? Pourquoi pensez-vous qu'il en est ainsi ? Accordez-leur quelques minutes de réflexion pour répondre et affirmer que la plupart des règles sont faites pour affermir vos relations. Finalement, ce sont nos relations avec Dieu et avec les autres qui sont à la base de la foi chrétienne et non l'observation d'une somme de règles.

LA VÉRITÉ

(Ce que la Bible enseigne)

Les lois existaient depuis l'époque de Moïse en Israël. Cependant, une grande importance fut donnée a l'étude de la loi sous le prophète Ezra,. Cette prépondérance des études légales causa l'éclosion des traditions qui vinrent a être considérées au meme titre que la loi. Très vite, ces traditions se multiplièrent qu'il fallait des gens specialises appelés scribes pour interpréter la loi. Au temps de Christ, il y eut tant de traditions que les gens ne savaient plus lesquelles étaient la vraie loi et lesquelles étaient ajoutées. Il en résulta que le peuple fût astreint à toutes les lois, sans exception. Par exemple, il y avait trente neuf (39) actions différentes prohibées le jour du sabbat. Vous imaginez aisément les gros efforts que le Juif moyen devait fournir pour suivre avec prudence les interprétations détaillées des traditions faites par les scribes. Il n'est pas étonnant que certains Juifs aient oublié les préoccupations de base de la Loi elle-même. C'est pourquoi Jésus dût rappeler aux Juifs (et à nous aussi) les enseignements de base. Dans le passage d'aujourd'hui, Jésus parle des anciennes lois que les gens suivaient. Or, il voulait les encourager à ne pas suivre la lettre de la loi mais à considérer la raison première pour laquelle la loi avait été donnée.

Après avoir divisé la classe en quatre groupes, assignez à chacun les passages suivants tirés du livre de Matthieu 5.21-26; 5.27-32; 5.33-42; 5.43-48. Demandez-leur d'associer leur passage avec l'une des affirmations suivantes: 1 - La réconciliation et le pardon devraient caractériser toutes nos relations (Matthieu 5 :21-26). 2 -La pureté doit caractériser nos relations et notre comportement avec les gens du sexe opposé (Matthieu 5 :27-32). 3 - Un amour radical devrait caractériser nos relations entières avec nos ennemis (Matthieu 5 :43-48). 4. L'acceptation et la compassion devraient caractériser toutes nos relations (Matthieu 5 :33-42). Demandez sur quoi la loi mettait-elle l'accent avant, et sur quoi Jésus attire-t-il notre attention, aujourd'hui?

ACTION
(Ce que je peux faire)

Demandez à la classe de trouver pour eux-mêmes les réponses aux déclarations suivantes: **1 - Souvent, 2 -Parfois,** 3 -**Jamais.** 1 - Je traite ceux du sexe opposé avec un total respect. 2 - Si quelqu'un me fait du mal, je suis capable de réagir d'une manière chrétienne. 3 - Je traite tout le monde sur le même pied d'égalité. 4 - Quand je suis tenté par la pornographie, je résiste à l'envie de regarder. 5 - Je témoigne de l'amour à toute personne que je rencontre. 6. J'aide ceux qui sont dans le besoin. 7 - Je suis capable de contenir ma colère quand quelqu'un m'offense. 8 - J'évite d'insulter autrui, même si c'est pour rire. 9 - Je traite les autres de la façon dont j'aimerai être traité(e). Terminez en priant Dieu de vous accorder la force et le courage de vivre et d'aimer comme lui.

SEMAINE 17

THÈME : LA PARABOLE DE JESUS

La terre de l'âme

PASSAGES BIBLIQUES

Luc 8. 5-15

VIE

(Ce qui se passe aujourd'hui)

Les histoires occupent une grande place dans notre vie. Quand nous étions enfants nous aimions écouter les histoires, et nous les faire raconter. C'est grâce aux histoires que certains d'entre nous connaissent Jésus et quelques personnages de la Bible. Quelles étaient vos histoires préférées quand vous étiez enfants ? S'ils s'en souviennent, dites-leur qu'on n'écoute pas seulement les histoires, mais on les raconte aussi afin que celui qui ne l'a pas expérimenté avec nous puisse s'y relier. Ce matin, je voudrais vous donner l'occasion de raconter une histoire aux uns et aux autres. Proposez-leur un sujet pour les aider à commencer (Accident durant l'enfance, école, vacances). Une fois que chacun a raconté une histoire, la classe (ou les groupes) voteront en faveur de leur hstoire préférée et récompenseront le gagnant ou les gagnants avec un(des) prix bête(s). Utilisez les mêmes sujets de discussion suivants pour terminer cette section : Pourquoi aimons-nous raconter des histoires ? Quel genre d'histoires aimons-nous écouter ?

Jésus avait compris l'importance des histoires. En son temps, il y avait beaucoup d'analphabètes, de plus, la culture écrite n'était pas vulgarisée. Alors, les histoires se transmettaient de bouche à oreilles. Dans les prochaines séances, nous lirons quelques histoires de Jésus en retenant que chacune d'elles remplissait un dessein précis à l'endroit de son auditoire, à l'époque comme aujourd'hui. Dans les histoires que nous allons lire, Jésus fait le portrait de nos âmes en utilisant différentes images de terre !

LA VÉRITÉ

(Ce que la Bible enseigne)

Triez différents types de terres dans de petites boîtes ou dans des sacs en plastics : (gravier, boue, sable, terre meuble, terre avec de mauvaises herbes, terre latéritique, etc.). Pendant que les étudiants examinent les échantillons de terre, demandez-leur à quel type de terre voudraient-ils se comparer, après réflexion. (Un se comparera à une terre rocheuse parce qu'il pense être « dur et glissant ». Un autre se comparera à la boue parce qu'il pense être « riche et crémeux ».) Á la fin de l'exercice, demandez à chacun de confirmer le type de terre qui le décrit le mieux.

Demandez à un(e) volontaire de lire Luc 8.5-8, aux autres d'expliquer ce que Jésus voulait dire à travers ces histoires, à un autre volontaire de lire à haute voix l'explication de Jésus en Luc 8.11-15 (Consider using Eugene Peterson's translation, The Message.).

Dieu veut planter sa parole en chacun de nous ; mais le coeur humain n'est pas un champ facile à labourer.

ACTION
(Ce que je peux faire)

Apportez des graines et donnez-en une à chacun en leur disant de placer la graine dans la paume de leur main et de la tenir devant eux. Vous dites : maintenant, je veux que vous fassiez pousser cette graine ! Prêts ? Allez-y !

Une fois qu'ils disent que c'est impossible, dites les phrases suivantes avec vos propres mots : qu'est-ce qui fait pousser une chose ? Qu'est-ce qui fait qu'un chiot devienne un chien ? Qu'est-ce qui fait qu'une petite graine devienne un grand arbre ? Qu'est-ce qui fait qu'un bébé devienne un petit-enfant, un adolescent, et puis un adulte ? Y avez-vous déjà pensé ? Quelle chose extraordinaire est en train de se passer ! Les gens ont essayé d'imiter ce processus d'eux-mêmes, mais en vain. Nous savons quels éléments contribuent à la croissance, mais nous ne pouvons pas reproduire le même processus ! De même, nous sommes incapables de faire croître la parole de Dieu dans nos coeurs. Cependant, ce que nous pouvons faire, c'est de créer un environnement favorable à la croissance. La suite est un miracle de Dieu à l'exemple d'une graine qui devient une fleur.

Priez Dieu de créer et de garder la bonne terre dans le coeur de chaque homme.

SEMAINE 18

THÈME : LA PARABOLE DE JESUS

Considérez le coût

PASSAGES BIBLIQUES

Luc 14.25-33

VIE

(Ce qui se passe aujourd'hui)

Rassembez un matériel complet: catalogues, revues de presse, journaux, radio cassettes, colle, ciseaux, markers, et un classeur que vous distribuerez à chaque étudiant. L'exercice consistera à dessiner leur propre portrait robot avec le le matériel et le classeur. Qu'ils se servent d'images et de mots pour les déssiner sur le classeur ainsi que l'extérieur pour faire la description de_leurs caractères externes et l'intérieur pour les caractères internes de leur vraie personnalité ou de la personne qu'ils veulent devenir.

Á la fin de l'exercice, chaque étudiant partgera son …en se décrivant lui-même ou elle-même, mettant l'accent sur ce qui est essentiel pour lui/elle. Expliquez que ces exemples démontrent combien chaque personne est une créature unique, et demandez leur l'impression qu'ils ont en examinant leur propre portrait, ainsi? S'ils sont rassurés par ces choses qu'ils jugent prioritaires? Bien que nous soyons conscients de nos talents et de nos capacités, nous réféchissons rarement aux raisons pour lesquelles Dieu nous a créés tel que nous sommes. T'es-tu jamais demandé ce que Jésus te réserve? Tous doivent répondre à une question essentielle: est-ce que je désire laisser Dieu s'occuper de mes biens et de ma personne?

LA VÉRITÉ

(Ce que la Bible enseigne)

Á tour de rôle, quatre jeunes liront Luc 14.25-33. Ensuite, vous dites: « que ces mots sont puissants! » Quels effets vous font-ils? Avez-vous déjà réfléchi à ce que peut vous coûter d'être un chrétien? Qu'est-ce qui vous inquiète dans les paroles de Jésus? Pourquoi? Que vous disent ces mots sur le vrai caractère d'un chrétien?

Á votre tour, lisez-leur l'histoire vraie qui suit: Jim était un adolescent qui aimait beaucoup jouer au basket-ball. Il vivait, mangeait, dormait, et rêvait basket-ball. Et, il était bon à ça. Mais, Jim tenait autant au basket-ball qu'à sa foi. Dieu l'appela à prêcher et il promit d'obéir à Dieu. Un jour, alors que Jim passait du temps avec le Seigneur, il eut un conflit avec les deux amours de sa vie : le basket-ball et Jésus. Il lui semblait que le Seigneur lui disait : « Jim, donne-moi le basket-ball ! » « Pourquoi, Seigneur ? » « Parce que tu ne peux pas me servir et servir le basket. Le basket-ball ne peut pas avoir la première place dans ta vie si tu dois me servir. » Ce fut un choix difficile, mais Jim avait ses priorités bien en ordre. Il rangea la balle de basket et abandonna le jeu pour lequel il se passionnait tant. Il continua de se préparer au ministère et garda sa relation avec le Seigneur en priorité. lus tard, pendant ses dévotions, c'était comme s'il entendait encore le Seigneur. « Jim ! » « Oui, Seigneur ». « Attrape ! » Dieu lui rendit la balle de basket-ball. Le Seigneur savait qu'il pouvait faire confiance à Jim — que le basket-ball ne prendrait jamais la première place dans la vie de Jim. Jim avait subi le test comme Abraham — et il avait réussi. Jim devint une vedette de basket-ball dans son université. Son témoignage chrétien devint si fort sur le terrain qu'il vint à être connu comme, « Gentleman Jim » et fut finalement élu au <NAIA* College Hall of Fame>. Mais même alors, Jim devint asteur puis missionnaire et président de collège. Il est Dr Jim Bond, surintendant général dans l'église du Nazaréen. Il vit encore des leçons qu'il a apprises quand il était adolescent.

Pense-vous que Dieu a été juste avec Jim ? Pourquoi ou pourquoi pas ? Pouvez-vous imaginer combien le sacrifice de Jim a été difficile pour lui ? Dieu ne nous demande jamais de sacrifier des choses sans raison du tout. Dans le cas de Jim, il voulait s'assurer que les priorités de Jim étaient justes. Tout ce que Dieu nous demande d'abandonner n'est pas forcément mauvais. Souvent, nous découvrons qu'il nous rend la chose que nous ne voulions pas lui donner, si du moins, il juge que cette chose est bonne. Tout ce qu'il demande, c'est notre confiance et la première place dans notre coeur.

ACTION

(Ce que je peux faire)

Parlez des différentes choses qui démontrent notre chrétienté aux gens. Demandez aux élèves de s'évaluer silencieusement et dire si, selon eux, les gens les considéraient encore chrétiens s'ils connaissaient leurs pensées et leurs émotions secrètes. Les gens peuvent-ils voir Jésus dans tout ce qu'ils disent et font, là où ils vont, dans ce qu'ils lisent, dans leur façon de passer le temps, etc. Réfléchissez sérieusement pour savoir s'ils veulent Jésus seulement comme Sauveur ou comme leur Seigneur, aussi. Réfléchissez à ces questions : Suis-je prêt(e) à abandonner tout ce que je suis pour tout ce qu'il est ? Suis-je prêt(e) à payer le prix ? Encouragez-les à penser aux priorités exposées dans leurs dessins. Terminez en demandant à chaque personne de prier silencieusement (ou d'élever la voix) et de partager avec Dieu leurs peurs ou inquiétudes sur le prix pour être un chrétien.

SEMAINE 19

THÈME : LA PARABOLE DE JESUS

La difficulté d'être humble

PASSAGES BIBLIQUES

Luc 17.7-10

VIE

(Ce qui se passe aujourd'hui)

Formez des groupes de deux ou trois personnes et prenez une large et un marqueur. L'exercice consiste à expliquer comment leurs parents pourvoient à leurs besoins (vie, nourriture, toit, argent, vêtements, etc.). S'ils sont orphelins, dites-leur de mentionner ceux qui sont responsables d'eux. Demandez à chaque groupe de lire sa liste à la classe.

Il est impossible de rembourser nos parents pour tout ce qu'ils ont fait. Que peut-on faire pour montrer notre reconnaissance ? (Leur obéir, essayer de leur faire plaisir, les aimer.) Maintenant, nommons certaines choses que Dieu a faites pour nous. (Don du pardon et du salut, de l'amour, de la vie, il pourvoit à nos besoins, etc.). Pouvons-nous le payer en retour, et normalement tout ce qu'il a fait pour nous ? Comment lui témoigner notre gratitude pour tout ce qu'il a fait ? (En le servant et en lui obéissant.) Devons-nous espérer des récompenses et des éloges après avoir servi Dieu ?

LA VÉRITÉ

(Ce que la Bible enseigne)

Lisez les affirmations suivantes pour la classe, et demandez à chaque adulte de garder un record de ses points.

Si les affirmations suivantes sont vraies en ce qui te concerne, tu gagnes un point :

- Tu as aidé à préparer un repas pour la famille, cette semaine.
- Tu as obtenu un A (appréciation : Très bien) à un examen, cette semaine.
- Tu as rendu un devoir à l'avance, cette semaine.
- Tu as aidé un de tes amis de façon quelconque, cette semaine.
- Tu as été de quelque façon, un pacificateur, cette semaine.

• Tu t'es excusé auprès de quelqu'un, cette semaine.

• Tu as lu ta bible ailleurs qu'à l'église, cette semaine.

Pour les affirmations suivantes qui sont vraies pour toi, tu perds un point :

• Tu as été impliqué dans une bataille verbale ou physique, la semaine passée.

• Tu as désobéi à une autorité, la semaine passée.

• Tu étais en retard quelque part, la semaine passée.

• Tu n'avais pas lu ta bible ailleurs qu'à l'église, la semaine passée.

• Tu devais des excuses à quelqu'un.

• Tu n'as pas proposé ton aide à quelqu'un, cette semaine.

• Un(e) ami(e) avait réellement besoin de toi, la semaine passée, et tu ne l'as pas aidé(e).

Donnez un cadeau à ceux qui ont obtenu un score de deux points au moins. Posez la question : honnêtement, qu'attendons-nous de recevoir en retour lorsque nous faisons une bonne action ? Pourquoi ? Ne sommes-nous pas censés faire simplement ce qui est bon et juste ?

Demandez à quelqu'un de lire Luc 17.7-10. Quel est le comportement d'un serviteur ? (Être généreux, agir avec humilité, chercher à plaire à Dieu, avant tout.) Qu'est-ce qui nous empêche d'avoir cette attitude ? Il ne faut pas servir simplement pour prouver qu'on est un bon serviteur, ou pour essayer de gagner l'amour de Dieu. Nous sommes créés pour servir. Donc, n'espérons ni éloges ni reconnaissance.

ACTION
(Ce que je peux faire)

Qu'arrive-t-il quand nous servons les autres ? (Nous aidons les autres. Notre vie est constamment changée. Dieu utilise notre ministère pour nous changer à l'image de Jésus.) Nous apprenons à servir en servant les autres. Ce faisant, Dieu utilise ces occasions pour apporter des changements incroyables dans notre vie. Terminez par la prière : demandez à Dieu d'aider vos étudiants à comprendre l'humilité lorsqu'ils serviront les uns les autres, pendant la prochaine semaine, et examineront les motivations de leurs actes.

SEMAINE 20

THÈME : LA PARABOLE DE JESUS

Libre pour tous

PASSAGES BIBLIQUES

Matthieu 20.1-16

VIE

(Ce qui se passe aujourd'hui)

Vous aurez besoin de « récompenses » suffisantes (des bonbons ou des cadeaux identiques) pour tout le meonde. Avant la classe, choisissez un jeu pour cette activité d'ouverture. Il faut décider d'avance qu'il aura des gagnants et des perdants. Pour les groupes plus importants, une équipe de relais sera une meilleure idée. Pour une classe moyenne, une version de « Jacques a dit » conviendra mieux. Jouez pour déterminer qui est le gagnant. Demandez au gagnant de s'avancer et dites : « tu as très bien joué. tu mérites un cadeau. Et, vous lui remettez le cadeau en disant : maintenant, qui est le second ? Tu as très bien joué aussi. Tu mérites un cadeau. Donnez-leur un cadeau, le même qu'à reçu le gagnant. Après cela, continuez ainsi jusqu'àu dernier, en disant la même chose à chacun et en leur remettant le même prix. Les étudiants vont probablement objecter à cela. Donnez-leur la possibilité de faire des commentaires, mais ne leur expliquez pas encore pourquoi vous avez agi de la sorte.

LA VÉRITÉ

(Ce que la Bible enseigne)

Demandez à un jeune de lire la parabole du jour, Matthieu 20.1-16. (Si votre classe a une tendance pour le théâtre, lisez la parabole puis jouez-la.) Á la fin de la pièce, demandez : « Quelles sont les méthodes modernes pour traiter des questions de justice ou d'injustice ? » (Les grèves ; se poursuivre en justice les uns les autres ; faire une marche dans le centre-ville ; attirer l'attention des médias, tirer une balle sur l'autre, etc.) Si vous pouvez apporter des coupures de presse concernant des problèmes ou des situations courants types où quelqu'un est traité « injustement. » Une fois avoir discuté la question, vous pouvez demander : « cependant, comme nous sommes des chrétiens, comment devons-nous résoudre cette question de justice à la lumière de cette parabole ? » Après leur avoir laissé le temps d'une brève discussion, vous dites, laissez-moi vous donner un exemple qui nous est familier à tous.

Alors, vous dites : il est samedi matin et vous êtes à l'église parce que nous devons faire une collecte de fonds pour le camp des jeunes qui va voir lieu. Pour lever les fonds, l'activité consistera à laver des voitures. L'activité débutera à 10h00 du matin et prendra fin à 14h00. Le moniteur des jeunes se charge d'informer tout le monde que l'argent collecté lors du nettoyage sera partagé à part égal entre tous ceux qui auront travaillé. Bien, à 13h30, Jim et David sont arrivés. Quand l'heure vient de partager l'argent, le pasteur des jeunes donne à chacun sa part (Jim et Greg inclus), le même montan prévu ! Est-ce que cela est juste ? Pourquoi ou pourquoi pas ? Veux-tu parler plus fort ? Qu'auriez-vous fait ?

Après un débat honnête entre les étudiants, dites : dans ces deux histoires, ceux qui pensaient avoir subi une injustice ont perdu de vue le contrat ou l'accord de départ. Dans la parabole, les travailleurs on accepté de travailler la journée moyennant un salaire convenu. Pour le nettoyage de voitures, vous aviez accepté d'être là afin de collecter de l'argent pour aller au camper. Que pensez-vous que Dieu essaie de nous enseigner à travers la parabole d'aujourd'hui ? Comment ceci affecte-t-il notre façon de considérer notre voisin ? Comment est-ce que ceci affecte la façon dont NOUS offrons la grâce et/ou la compassion ?

ACTION
(Ce que je peux faire)

Distribuez du papier et des crayons. Dites-leur de penser pendant un moment à leur vie à la maison, à l'école, et même ici à l'église, de penser à une situation réelle dans votre vie et d'écrire les faits.. Ensuite, dites ce qui est juste et injuste dans votre récit. Dès que vous avez fini, pliez votre feuille et rendez-la moi. Dès que tout le monde a fini, demandez à des volontaires d'avancer pour choisir un bout de feuille et de lire à haute voix à la classe ce qui est écrit dessus. Puis comme une classe, débattez les idées pour une solution juste. Par le biais de la discussion, aidez les à traduire ce qu'ils disent en ce qu'ils conçoivent comme la justice et l'exprimeraient.

Terminez la classe en encourageant vos élèves à être attentifs, et pratiquer pendant la semaine à venir, la justice comme Jésus nous l'a enseigné dans les paraboles. Invitez vos élèves à terminer par des prières en une phrase, demandant la perspective de Dieu sur chacune de leurs situations personnelles.

SEMAINE 21

THÈME : LA PARABOLE DE JESUS

Êtes-vous prêts pour faire la fête?

PASSAGES BIBLIQUES

Matthieu 25.1-13 (25.31-46)

VIE

(Ce qui se passe aujourd'hui)

Demandez aux élèves de penser à des choses dont ils sont certains qu'elles se réaliseront le lendemain (tel que le lever du soleil). Enumérez celles-ci au tableau ou sur une feuille, ou s'ils aiment dessiner, accrochez une grande feuille au mur pour qu'ils dessinent ces choses qui vont inévitablement arriver. Vous pourriez aussi leur demander de jouer aux devinettes (pour deviner un mot à partir d'un indice écrit ou actif) pour décrire le déroulement certiffié de ces choses.

Prochaine étape, surprenez-les avec l'annonce suivante (d'une fête) : « Aujourd'hui la séance sera une grande fête ! » Distribuez des objets de fête comme des serpentins, des ballons, des chapeaux, des pétards, etc. Jouez de la musique pendant la décoration et offrez-leur une petite collation.

Réglez le chronomètre d'une alarme sur une minute pendant que la fête se poursuit, et dites aux élèves de passer l'alarme l'un à l'autre jusqu'à ce qu'elle se déclenche. La personne qui tiendra le chronomètre pendant que l'alarme sonne est éliminée immédiatement, et devra achever les décorations. Si l'alarme se déclenche pendant que le chronomètre est en l'air, celui qui l'a lancé en dernier sera éliminé. Faites le jeu jusqu'à ce qu'il reste un seul joueur. Si vous n'avez pas un chronomètre, utilisez un petit réveil ou un sablier. Si c'est un sablier, faites-le passer dans la position horizontale pour que le sable puisse s'écouler lentement.

LA VÉRITÉ
(Ce que la Bible enseigne)

Quand le jeu sera fini, remettez le chronomètre en marche pendant une minute encore. Quand le temps imparti est écoulé, tout le monde s'arrête et le groupe se forme à nouveau. Demandez-leur leurs impressions face à l'imprévu, ensuite, s'ils peuvent partager des histoires drôles où ils ont été pris de court. Vous ditess : « il y a une chose à laquelle nous ne pensons pas souvent, mais qui arrivera aussi certainement que les choses énumérées quelques minutes plus tôt. Et cette chose apportera un grand changement dans nos vies. C'est la Seconde Venue du Christ. Que savez-vous déjà ou qu'est-ce que vous vous posez comme questions, sur la Seconde Venue du Christ ? T'es-tu déjà demandé si tu serais prêt quand il reviendra ?

Lisez Matthieu 25.1-13. Demandez : Qui représente l'époux ? (Jésus) Qui représentent les 10 vierges ? (L'Église ou les chrétiens.) Qu'est-ce que cela atteste concernant la seconde venue de Jésus ? (Personne ne sait avec certitude le jour, ni l'heure ; il peut revenir n'importe quand.) Qu'est-ce que ce passage atteste au sujet de nos responsabilités, en tant que chrétiens ? (Soyez des sages ; veillez ; travailler sans cesse pour Dieu, en faisant par exemples les choses citées en Matthieu 25.31-46).

Demandez à chaque jeune de répondre pour lui ou pour elle-même à ces questions : si Jésus revenait aujourd'hui ou demain, que répondrais-tu aux questions suivantes : étais-tu l'ami de Jésus quand il a eu faim ? Étais-tu l'ami de Jésus quand il a eu soif? Étais-tu l'ami de Jésus quand il a été un étranger ? Étais-tu l'ami de Jésus quand il a été malade ? Etais-tu l'ami de Jésus quand il a été emprisonné ?

ACTION
(Ce que je peux faire)

Tu sais que Jésus reviendra. Alors, tu dois décider si tu veux changer certaines choses dans ta vie et dans tes choix. Y a-t-il une différence entre la personne que Jésus voudrait trouver à son retour et ce que nous sommes en ce moment, toi et moi ? Heureusement que nous avons accepté Christ comme notre Sauveur, et si nous vivons pour lui, nous n'avons rien à craindre ; nous devons seulement nous préparer à le rencontrer. Que faire afin de ne pas être surpris par sa venue ? Demandez aux élèves d'écrire leurs réponses et les changements qu'ils aimeraient apporter dans leur vie afin de se préparer à la rencontre du Christ. Peut-être, savez-vous que certains élèves ne sont pas prêts, alors, soyez attentif à leurs besoins et disposé à les encourager à accepter Christ comme leur Sauveur. Aussitôt que tout le monde aura le temps nécessaire pour travailler sur son plan d'action, vous leur expliquerez que la fête était en l'honneur de la seconde venue de Christ. Clôturez la fête avec la prière.

SEMAINE 22

THÈME : L'ÉGLISE

Vivre la mission

PASSAGES BIBLIQUES

Jérémie 31.33 ; Matthieu 28.18-20 ; Actes 2.42-47

VIE

(Ce qui se passe aujourd'hui)

Laissez si necessaire, vos élèves voter pour leur magasin préféré ? Dites-leur qu'ils sont membres du conseil d'administration du magasin. Les affaires sont en récession, la clientèle et le conseil d'administration doivent faire une évaluation du projet et des objectifs du magasin. Débattez au préalable des questions suivantes pendant trois minutes environ : Pourquoi ce commerce ? Quelle est sa raison d'exister ? Quels services offre le magasin pour mener son projet à terme ? Quel(s) produit(s) offre le magasin pour mener son projet à terme ? Quel est l'autre moyen pour rester compétitif?

Pour l'étape suivante, demandez aux élèves que seraient leurs réponses si l'organisation en question était l'église (l'Église universelle, non pas une simple dénomination ou une congrégation locale). Prenez soin de souligner que ceci va au-delà du fait de faire des affaires simplement, bien que l'église fasse des affaires.

LA VÉRITÉ

(Ce que la Bible enseigne)

Demandez : Avez-vous déjà essayé de savoir ce que l'Église représente pour vos amis qui ne vont pas à l'église. Il n'est pas toujours facile de décrire l'Église, mais savoir comment la décrire est important pour le chrétien. Cela nous fournit un projet. Voyons ce que Dieu envisage de faire et d'être pour son Église.r

Dites aux élèves d'écouter attentivement votre lecture des termes ou des passages bibliques en relation avec les projets de l'Église. Ensuite, ils écriront un grand nombre de ces passages ainsi que d'autres termes bibliques, et de courtes phrases, qui selon eux, résument l'identité, les actions, et le projet de l'Église. Pour établir une meilleure communication et remue-méninges, séparez les élèves en petits groupes.

Lisez Jérémie 31.33 ; Matthieu 28.18-20 et Actes 2.42-47. Distribuez des feuilles vierges et des crayons, et dites-leur de commencer à rédiger leur liste.

Á la fin de l'exercice, un élève sera désigné dans chaque groupe pour lire un mot tiré de leur propre liste. Pendant ce temps, copiez les mots au fur et à mesure. … et les autres groupes élimineront ces mêmes mots de leur liste, s'ils y figurent. Ensuite, invitez un autre groupe à lire un mot de leur liste mais un mot qui est nouveau. Il en sera ainsi jusqu'à ce que tous les groupes aient fini de partager ou de croiser tous les mots figurant sur les listes.

Maintenant, c'est l'étape de la révision des listes au tableau au fur et à mesure qu'ils donnent les réponses aux questions suivantes : Lequel de ces mots exprime mieux le projet de l'Église ? (Adoration, évangélisation, faire des disciples, enseignement, missions, ressemblance avec Christ, etc.) Pourquoi ? Si vous aviez le droit d'utiliser seulement quatre de ces mots, lesquels choisiriez-vous ? Pourquoi ? Quelles recommandations donneriez-vous si l'Église devait croître continuellement dans le futur ? Quel est la volonté de Dieu pour l'Église ?

ACTION
(Ce que je peux faire)

Dites : « La plupart des organisations ont dans leur déclaration de mission, une pensée qui explique la raison de leur existence. Que diriez-vous d'écrire une déclaration de mission pour notre église locale ? » Hé bien, voici l'occasion. Divisez la classe en groupes de deux à quatre personnes et chaque groupe travaillera seul pour rédiger une déclaration de mission sur le projet biblique de l'église, en rapport avec la leçon d'aujourd'hui. Une fois que ceci est fait, que chaque groupe lise son affirmation aux autres. Ensuite, faites un remue-méninges (sortir les idées brillantes) pour aider l'église à réaliser sa « déclaration de mission ». Faites une prière pour terminer la leçon.

SEMAINE 23

THÈME : L'ÉGLISE

La vie commune

PASSAGES BIBLIQUES

Éphésiens 4.1-6, 29-32 ; Jean 17.20-23

VIE

(Ce qui se passe aujourd'hui)

Dites : Certains gens disent que l'Église est une parcelle semblable à un jeu de football— où une multitude follement désireuse de se distraire, regarde onze (11) personnes, follement désireuses de se reposer, jouer. Que signifie une telle illustration ? Imaginez que cette salle soit un terrain de football. Où choisiras-tu de te placer ? Choisiras-tu d'être un joueur ? Un entraîneur ? Un formateur ? Un remplaçant ? Un joueur blessé ? Le ballon ? Un spectateur ? Un arbitre ? Un capitaine d'équipe ? Choisissez qui vous voulez être dans cette classe. Écris sur ta feuille la place que tu veux occuper en évitant de mentionner ton nom. Lorsque tu auras fini, rembourre la feuille (pour qu'elle ressemble à un ballon) et lance-la vers moi. Lorsque tous auront terminé l'exercice, vous lirez chaque réponse à haute voix. Peut-être que vous voudrez faire un calcul pour vérifier s'il y a un nombre suffisant de joueurs pour faire le jeu. Alors, posez cette question : maintenant que nous avons étudié notre participation à la séance, dites-moi quelle position vous voulez.

LA VÉRITÉ

(Ce que la Bible enseigne)

Y a-t-il des obstacles à ce que nous formions une véritable communauté ou équipe ? Qu'en est-il des insultes ? Pourquoi celui-ci rabaisse-t-il un autre ? (Certains cachent leur chagrin, se font passer pour plus importants qu'ils ne le sont, cherchent à attirer l'attention, etc.) Que ressentez-vous quand on vous insulte ? Quels sont les effets négatifs d'un tel abus verbal ? (Maigre estime de soi, dépression, découragement, potentiel perdu, etc.) La plupart des gens vivent quotidiennement dans un environnement émotionnel malsain. Toutefois, Dieu veut que son Église soit différente.

En effet, Dieu nous demande d'être unis.

Demandez à quelqu'un de lire Éphésiens 4.1-6, 29-32, et à un autre de lire Jean 17.20-23. Dites ensuite : Aujourd'hui, vous allez être des auteurs-compositeurs ! A partir de ce que nous venons d'entendre de la Bible, écrivez une chanson qui exprimera ce que Dieu veut pour la communauté chrétienne. Choisissez l'air de la chanson que vous voulez et travaillez seul ou en groupe de trois maximum.

Assurez-vous que chaque étudiant ou groupe dispose d'une bible pour consulter encore les passages. Ceci sera suivi de la présentation des chansons, entrecoupée de questions sur la signification des paroles [de la chanson].

ACTION
(Ce que je peux faire)

Faisons un pas aujourd'hui pour devenir un groupe plus généreux. Une façon d'atteindre cet objectif est de s'encourager mutuellement et de prier les uns pour les autres. Nous allons réellement jouer notre propre 'match de football'!. Demandez aux jeunes de s'asseoir en cercle, puis tirez un petit ballon en direction de l'un d'eux. Ce dernier suggérera alors un moyen par lequel l'église les aide, ou des requêtes de prière s'ils veulent. S'il partage une requête de prière, arrêtez et priez pour cette requête afin de démontrer la vraie signification d'une église. Lorsque celui-ci a fini son tour, il passe le ballon à un autre, et le jeu continue jusqu'à ce que tous aient participé. Si l'effectif de la classe est trop important pour permettre le jeu de se faire dans le temps imparti, vous diviserez la classe en deux ou plusieurs groupes qui joueront en même temps. Ainsi, posez ces questions de discussion : Était-ce si difficile pour toi de raconter combien les autres membres de l'église prennent soin de toi ? Pourquoi était-ce si difficile, d'après toi ? Est-ce que nous ne nous connaissons pas tous assez bien ? Que faire pour faciliter cette communication ? Était-ce facile ou difficile de demander aux autres de prier pour toi ou pour tes besoins ? Pourquoi ? Qu'est-ce qui pourrait rendre la communication plus facile ?

Devenir une communauté généreuse (ou attentionnée) ne se limite pas seulement à ce que nous faisons ici. Nous devons nous investir dans l'encouragement et l'aide et en faire un style de vie personnel et communautaire. Trouvez un moyen de venir en aide à quelqu'un qui n'est pas membre de la classe, cette semaine. Terminez la séance en conseillant aux jeunes de prier Dieu de les aider à bâtir une communauté avec le groupe, l'église, leur famille, et leur école.

SEMAINE 24

THÈME : L'ÉGLISE

Dieu fait la cuisine dans des marmites trouées

PASSAGES BIBLIQUES

1 Corinthiens 3.1-9 ; 2 Corinthiens 4.7 ; 1 Thessaloniciens 1.4-10

VIE

(Ce qui se passe aujourd'hui)

Lisez l'histoire suivante à votre classe. Sur une côte dangereuse où viennent échouer souvent des épaves, il y avait autrefois une modeste station de sauvetage. C'était une hutte, et il n'y avait qu'une seule embarcation. Toutefois, quelques membres dévoués de l'équipage surveillaient constamment la mer, jour et nuit pour guetter d'éventuels disparus. Grâce au succès de cette station, plusieurs dans la communauté voulaient s'engager aussi. De nouvelles embarcations furent achetées et de nouvelles équipes furent formées. La station s'agrandissait, et bientôt, les uns décidèrent que le bâtiment était trop modeste. Alors, ils remplacèrent les petits lits par de vrais lits ainsi que le mobilier dans le bâtiment agrandi. En effet, la station de sauvetage devint un lieu de rencontre populaire pour tous ses membres. Ils le décorèrent et l'ameublèrent tant et si bien qu'il devint comme un club. La plupart des sauveteurs perdirent l'intérêt dans les missions de sauvetage et ils louèrent les services de marins sauveteurs pour faire le travail. Ils croyaient encore au sauvetage ; mais ils ne voulaient simplement plus le faire eux-mêmes parce qu'ils étaient trop occupés avec leur club social. Peu de temps après, un grand navire fit naufrage au large de la côte. Les marins sauveteurs sauvèrent plusieurs gens à demi noyés. Ils étaient sales et malades, et certains étaient des gens de couleur différents de ceux du club. Alors, ce fut la confusion au sein du club, et celle-ci sera suivie d'une division entre les membres. La majorité voulut complètement arrêter les activités de sauvetage car il interférait avec la vie sociale du club, tandis que les autres défendaient la mission qui était leur objectif principal. Finalement, ceux qui étaient en faveur de la continuité de la mission de sauvetage furent vaincus. Ils devaient construire une nouvelle station de sauvetage plus loin s'ils voulaient continuer l'activité de sauvetage - ce qu'ils firent. Cependant, les années passèrent, cette station de sauvetage connut le même sort que la première ; elle devint un club aussi et une autre dût être construite. Ce scénario se multiplia tant et si bien qu'il y eut plusieurs clubs exclusifs le long de cette côte. Les naufrages étaient encore fréquents dans ces eaux, mais la plupart des naufragés perdaient la vie faute d'être secourus.

Quand est-ce que la station de sauvetage était plus efficace ? Où est-ce que cela n'allait plus ? Á quel moment les sauveteurs ont-ils failli à leur première mission ? Quelle est la leçon de morale que nous pouvons tirer de cette histoire ? Dans quelle mesure pouvez-vous dire que l'Église est comme une station de sauvetage ? Quel est l'objectif de l'Église ? Comment peut-on éviter que les problèmes narrés dans cette histoire arrivent dans l'Église ?

LA VÉRITÉ
(Ce que la Bible enseigne)

Formez deux groupes et distribuez 1 Corinthiens 3.1-9 et 2 Corinthiens 4.7 au premier groupe et 1 Thessaloniciens 1.4-10 au deuxième groupe. Les groupes doivent écrire des mots ou des phrases qui donnent la description des églises dans ces passages. Á la fin, chaque groupe peindra les aspects positifs et négatifs de l'église de leur choix. Notez le fait qu'il n'y a aucune église, comme il n'y a personne, qui n'ait pas de problèmes ou de défauts.

ACTION
(Ce que je peux faire)

Vous aurez besoin de deux mètres de corde et de deux cadeaux. Placez les cadeaux sur les côtés opposés de votre salle de classe. Choisissez deux volontaires et attachez le poignet de l'un à celui de l'autre. L'un doit essayer d'atteindre un prix et l'autre, un autre prix. (Placez les cadeaux assez loin l'un de l'autre pour q'ils ne soient pas pris en même temps.) Le but est que les volontaires réalisent que s'ils coopèrent, ils peuvent ensemble aller dans une direction, prendre le premier cadeau, et dans l'autre direction ensuite pour prendre le deuxième cadeau. Á la fin du jeu, posez ces questions : Etait-il nécessaire qu'il y ait un perdant et un gagnant ? Quel était le secret pour que les deux obtiennent un prix ? (La coopération.) Quand nous faisons face à des problèmes qui impliquent d'autres gens, quelle est notre réaction habituelle ? Comment **devrions**-nous réagir afin que tout le monde gagne ?

Quand nous faisons face à un problème, nous devons nous rappeler que : 1) Je ne maîtrise pas tous les faits ; 2) Je ne surestime ni ne sous estime la taille du problème ; 3) Je n'implique pas les gens non concernés dans ce problème ; 4) L'objectif devrait être la restauration, la résolution, le pardon, et non la « victoire » ; 5) Je réalise que certaines personnes prennent plaisir à créer des problèmes ; 6) Je ne laisse pas le problème me distraire loin de la mission que Dieu m'a confiée ; 7) Je garde la foi que Dieu contrôle toujours tout ; 8) Je reste ouvert à la solution de Dieu et je prie pour cela et j'attends. Apprenez que, même si tout n'est pas parfait, nous pouvons encore remplir notre mission, si nous travaillons ensemble et laissons le contrôle à Dieu. Cependant, nous devons être disposés à pardonner aux autres leurs échecs, erreurs et manquements.

SEMAINE 25

THÈME : L'ÉGLISE

Qui, moi ?

PASSAGES BIBLIQUES

1 Timothée 4.12-16 ; Éphésiens 4.11-16

VIE

(Ce qui se passe aujourd'hui)

Formez des groupes de trois. Chaque trio doit coopérer pour trouver une grosse balle ou un objet volumineux (lequel vous placez 5 à 8 mètres de distance). Ramassez-le et ramenez-le au point de départ (par un chemin parsemé d'obstacles si vous préférez). Dans le groupe, chacun a des capacités limitées. Personne Un voit et parle mais ne peut pas toucher la balle. Personne Deux ne peut pas utiliser ni son bras droit, ni sa main droite, ni parler, ni ouvrir les yeux. Personne Trois ne peut utiliser ni son bras, ni sa main gauches, ni parler, ni ouvrir ses yeux.

Quelle était la partie la plus difficile de cette activité pour chacun d'entre vous. Pourquoi chaque rôle individuel était-il important pour le groupe ? Qu'est-ce qui aurait été différent si un membre du groupe était absent ?

LA VÉRITÉ

(Ce que la Bible enseigne)

Après avoir formé deux groupes et distribué des crayons et des larges feuilles de dessein, faites lire 1 Timothée 4.12-16 à un groupe et Éphésiens 4.11-16 à un autre groupe. Les deux groupes doivent dessiner une image qui montre la condition de Timothée ou de l'église d'Éphèse avant la lecture de la lettre de Paul, et enfin, reproduire une autre image de leur propre condition après la lecture et la mise en scène de ces conditions.

Les efforts de Timothée en tant que leader et ministre peuvent avoir été mis à rude épreuve par les anciens de l'église. Il est possible que ses dons aient été ignorés et qu'il eut été découragé par un manque certain de soutien ; peut-être, il n'avait pas consacré assez de temps à la lecture, à l'exhortation, et à la connaissance de la doctrine ; il n'avait peut-être pas médité sur ces choses en plus de ne pas être engagé de tout son coeur avec eux.

Les Éphésiens n'écoutèrent pas l'appel de Dieu. Ils furent comme des enfants, naïfs, spirituellement attardés. Cela ainsi que leur manque apparent d'unité les empêchèrent de ressembler à Christ.

Demandez à chaque groupe de partager son passage biblique avec l'autre groupe et de commenter ses dessins. Nous devons réaliser et agir selon que chacun d'entre nous a un rôle important à jouer dans l'église. Si nous faisons notre part, alors, les autres seront plus forts. Mais, ceux qui pensent qu'ils n'ont rien à apporter au groupe ont tort. Nous avons tous des dons — qui nous viennent de Dieu.

ACTION
(Ce que je peux faire)

Quels dons spéciaux peut utiliser la jeunesse pour aider ou encourager d'autres jeunes ? Quels sont les problèmes ou défis singuliers que présentent ces dons ? (La foi que Dieu est capable - elle peut être un signe d'encouragement pour amener les autres à avoir plus confiance en Dieu, mais nous devons réaliser que d'autres ne comprennent ni ne partagent notre enthousiasme, etc.) Trouvons quelques solutions pour utiliser nos dons spirituels

Avant de commencer la séance, dressez une liste des ministères exercés dans votre église en incluant ceux qui pourraient éventuellement commencer à court terme. Voici quelques suggestions : accueil, cuisine des repas, collecte des vêtements usagés, louange, nettoyage de l'église, pour les enfants, pour la crèche, l'ordre, mise en scène de sketches et d'un théâtre de marionnettes, encouragement, enseignement de l'école du dimanche des enfants, études bibliques, etc.

Demandez aux élèves de cocher sur la liste, les ministères auxquels ils sont intéressés de s'engager. Recueillez leurs suggestions concernant un autre ministère qu'ils voudraient exercer dans leur église. Encouragez tout le monde à essayer quelque chose. Encouragez vos élèves à parler, ce même jour, au responsable du ministère qu'ils ont choisi et de discuter acvec lui, la manière et le moment pour participer à ce ministère. Priez Dieu d'accorder la sagesse, la force, et sa présence à chaque adolescent qui accepte de relever le défi du ministère.

SEMAINE 26

THÈME : ROMAINS

Sans honte

PASSAGES BIBLIQUES

Romains 1.16-17

VIE

(Ce qui se passe aujourd'hui)

Demandez à la classe de définir les mots « valoriser » et « honteux ». (Valoriser — considérer ou estimer avec hauteur. Honteux — le sentiment de honte se rapporte à une personne ou à une action.) Y a-t-il des choses auxquelles vous accordez une grande valeur ? Que faut-il pour que vous soyez honteux des choses ou des gens que vous estimez avec hauteur ?

En tant qu'enseignant, pouvez-vous raconter la dernière fois que vous aviez agi honteusement. Après avoir raconté votre anecdote, demandez si quelqu'un veut vous imiter. Demandez pourquoi ils étaient gênés ou honteux ? Est-ce que les choses à cause desquelles vous étiez embarrassés, étaient des choses vertueuses, honorables, ou dignes d'attention ?

L'embarras et la honte surgissent quand nous faisons une chose que nous n'estimons pas avec hauteur. Sur une échelle de 1 à 10, évaluez la valeur de l'évangile pour vous. Qu'est-ce qui le rend si digne d'intérêt ?

LA VÉRITÉ

(Ce que la Bible enseigne)

Demandez à quelqu'un de faire la lecture de Romains 1.16-17. Pourquoi Paul est-il si fier de l'évangile ? Pensez-vous qu'il en a le droit ? Il y avait aussi ceux qui n'avaient pas honte du message. Examinons comment des individus défendent avec fierté le message de l'évangile. Divisez la classe en trois groupes ainsi que les passages suivants selon les groupes : Actes 6.8-12 ; 7.56-58, ou Actes 16.16-34, ou Actes 4.13-22. Chacun répond aux questions suivantes selon le passage qui le concerne : Qui était fier ? Comment démontrèrent-ils leur fierté ? Y avait-il des résultats visibles ?

Que chaque groupe commente son travail et sa propre analyse du passage. En utilisant les informations suivantes, vous résumerez l'ensemble de tous les travaux.

Actes 6.8-12 ; 7.56-58 — Étienne. Étienne n'avait pas peur de dire ce qu'il voyait et croyait, et il fut lapidé, en conséquence. Remarquez qu'un homme nommé Saül fut témoin du meurtre de Étienne, et grâce au témoignage de Étienne, l'évangile transforma Saül ; persécuteur de l'Église, il devint Paul, le proclamateur de l'évangile.

Actes 16.16-34 — Paul et Silas. Paul et Silas furent emprisonnés à cause de leur loyauté à l'évangile (Ils privèrent les méchants de leur source de revenu, une servante qui était possédée par un démon et qui prédisait le futur). Et bien qu'étant en prison, ils continuaient de témoigner l'évangile ; ils chantaient et priaient fort afin que les autres prisonniers puissent les entendre. Le miraculeux tremblement de terre qui ouvrit la porte de la prison est secondaire au fait que leur témoignage résulta dans le salut du gardien de la prison et celui de sa famille.

Actes 4.13-22 — Pierre et Jean. Après que le sanhédrin leur eut interdit de parler et d'enseigner au nom de Jésus, Pierre et Jean répondirent avec courage qu'ils ne devaient obéir qu'à Dieu.

Ceux ci proclamèrent le message de l'évangile avec une telle assurance parce qu'ils savaient sans l'ombre d'un doute que ce message était honorable et vrai, et digne de l'intérêt de leur entourage ! Demandez : Qu'est-ce que l'évangile peut offrir au monde, aujourd'hui ? Jusqu'où êtes-vous prêt à alller pour proclamer sans honte, l'évangile aux autres ? Qu'est-ce qui peut vous empêcher d'être fier de l'évangile ? Lisez Marc 8.38. Pourquoi est-il si essentiel de ne pas avoir honte de la parole de Jésus ?

ACTION
(Ce que je peux faire)

Peu importe ce que nous faisons dans la vie, en tant que chrétiens, nous sommes appelés à proclamer fièrement l'évangile. Relisez Romains 1.16-17. Comme Paul, nous sommes capables de ne pas être embarrassés par l'évangile parce que c'est une puissance de Dieu. Cette même puissance est aujourd'hui disponible pour nous, puisque nous cherchons à répandre son message.

Terminez la séance avec une prière pour proclamer l'évangile avec fierté.

SEMAINE 27

THÈME : ROMAINS

Faire face à la réalité

PASSAGES BIBLIQUES

Romains 1.18-20 ; 2.1-3, 11-15 ; 6.23

VIE

(Ce qui se passe aujourd'hui)

Demandez à chaque jeune d'écrire sur lui, trois affirmations qui ont apparence de vérité, mais qui ne le sont pas, et une affirmation qui est définitivement vraie. Par exemple : 1) J'aime jouer au basket-ball (Faux). 2) J'ai trois frères (Faux). 3) J'aime les petits pois (Faux). 4) Je peux me tenir sur ma tête (Vrai). Ramassez les copies, mélangez-les puis remettez une à chacun, en vérifiant que personne ne soit en possession de sa propre copie. Dites aux élèves de dire le nom du propriétaire de la copie qui est en leur possession puis de lire la copie, et enfin, de laisser l'ensemble de la classe deviner laquelle des quatre affirmations est vraie.

Est-ce que c'est si facile de distinguer des demi vérités de la vérité ou de toutes les vérités ? Comment faire la distinction ? Quelles sont les choses que les gens disent sur Dieu ou sur le fait d'être chrétien, et que tu considères comme des demi vérités ? (Être chrétien, c'est être bon ou aller à l'église, etc.) Nous vivons tous parfois dans des demi vérités. Voyons ce que les Écritures disent sur les demi vérités.

LA VÉRITÉ

(Ce que la Bible enseigne)

Déssinez trois colonnes au tableau ou sur une large feuille. Dans la première colonne, ils citeront autant de péchés en 30 secondes. Dans la deuxième colonne, demandez-leur de citer des actions qui peuvent être simplement considérées « comme » injustes ou mauvaises en fixant la même limite de temps. Dans la troisième colonne, demandez-leur d'inscrire des actions considérées comme bonnes, ou même justes. Demandez si les gens qui agissent de cette façon ont besoin du salut ?

Demandez à quelqu'un de lire à haute voix, Romains 1.1-20. Comment ces versets se rapportent-ils à ce dont nous discutions dans les trois colonnes, d'une part, et aux gens qui n'ont jamais entendu parler de Jésus, d'autre part ? (Tous seront jugés de la même manière qu'ils ont jugé.) Lisez Romains 2.11-15. Qu'est-ce que ceci nous dit à propos des trois listes ? Demandez à un autre élève de lire Romains 6.23. Paul utilise la terminologie des affaires en parlant de « salaires ». Dans un emploi normal, est-ce qu'une personne qui n'a pas travaillé devrait être payée ? Qu'est-ce que cela vous enseigne sur ce qui nous attend quand nous pêchons ? (Nous obtenons que ce que nous méritons.)

Copiez les 'bonnes raisons' ci-dessous, et distribuez-les à cinq membres de la classe. Puis choisissez une sixième personne pour jouer le rôle de Dieu. Tous les cinq se tiennent devant « Dieu » au jour du jugement pour donner leur « bonne raison » afin que Dieu les laisse entrer au ciel. 'Dieu' écoute chaque raison et décide sur la base des enseignements appris sur le Dieu véritable et le péché, si la personne peut entrer au ciel. De « bonnes raisons » — 1. Je n'ai jamais transgressé une seule loi de toute ma vie ! 2. J'aide souvent les autres. 3. Je n'ai jamais triché à un examen ni raconté un mensonge. 4. Personne ne m'a jamais dit à quel point devenir chrétien était essentiel. 5. J'étais un membre de l'église et j'y allais très régulièrement.

Quel effet ces excuses auraient-elles sur le Dieu véritable ? Inviterait-il ces personnes à entrer au ciel ? Pourquoi aucune de ces excuses ne serait acceptée ? La vérité est que nous pouvons tenter l'impossible, mais personne ne peut jamais être assez bonne jusqu'à mériter le pardon de Dieu. Le pardon de Dieu est un cadeau.

ACTION

(Ce que je peux faire)

Le péché nous éloigne de Dieu. Si tu devais faire face au jugement de Dieu, aujourd'hui, verrait-il une vie remplie de sa justice, où verrait-il quelqu'un qui essaie de se leurrer lui-même y compris les autres ? Même si nous menons une vie exemplaire, ce n'est pas assez. Veux-tu aujourd'hui même mettre en ordre ta relation avec Dieu ?

Terminez la leçon en donnant l'occasion à ceux qui le désirent de prier pour leur propre salut.

SEMAINE 28

THÈME : ROMAINS

L'acceptation a ses privilèges

PASSAGES BIBLIQUES

Romains 3.21-24 ; 5.1-11 ; 6.23

VIE

(Ce qui se passe aujourd'hui)

Lisez les affirmations suivantes, l'une après l'autre puis demandez aux jeunes de répondre en levant le nombre de doigts juste. Un doigt signifie que l'affirmation n'est pas très importante pour le jeune ; deux doigts signifie qu'il doit l'avoir ou doit le faire ; trois doigts signifie que ce n'est définitivement pas lui ; quatre doigts, qu'il pourrait ou pourrait ne pas le faire ou le vouloir. Laissez les élèves discuter leurs réponses. Au choix : 1) choisir un emploi avec un bon salaire. 2) Prier régulièrement. 3) Etre un exemple pour un cadet. 4) Courtiser plusieurs personnes. 5) Confier le contrôle de sa vie à Dieu. 6) Être attirant(e). 7) Ne pas chercher de problèmes. 8) Gagner des diplômes. 9) Passer du temps avec sa famille. 10) Expérimenter le maximum par la vie. 11) Donner son argent pour aider autrui. 12) Lire sa bible, tous les jours. 13) Lier des amitiés chrétiennes. 14) S'amuser beaucoup. 15) Donner de son énergie et de son temps à son église.

Y a-t-il des choix sans conséquences ? (Non). Comment déterminer si nos choix résulteront en bonnes ou mauvaises conséquences ? (Il n'y a pas de réponses « justes » à cette question.)

LA VÉRITÉ

(Ce que la Bible enseigne)

Divisez votre classe en deux jusqu'à quatre groupes et distribuez les versets suivants. Chaque groupe doit lire les versets assignés, déterminer les choix qui sont suggérés, et donc, déterminer les résultats ou conséquences de ces choix. Romains 3.22 — choix : la foi ; résultat : la justice de Dieu. Romains 3.24 — choix : accepter sa grâce ; résultat : nous sommes justifiés. Romains 5.1 — choix : justifiés ; résultat : la paix avec Dieu. Romains 5.3-4 — choix : la réjouissance dans la souffrance ; résultat : produit la persévérance, le caractère, l'espérance et l'amour de Dieu qui est répandu dans nos coeurs. Romains 5.9 —

choix : justifiés ; résultat : nous sommes sauvés par lui de la colère. Romains 6.23 — choix : pécher ; résultat : la mort. Romains 8.1 — choix : accepter Jésus ; résultat : aucune condamnation. Romains 8.2 — choix : accepter Jésus ; résultat : libéré de la loi du péché et de la mort. Romains 8.14 —choix : être guidé par l'Esprit de Dieu ; résultat : être les fils de Dieu. Une fois l'exercice terminé, vous direz à chaque groupe d'élire un porte-parole pour commenter leur travail.

D'après ce que nous venons de lire, ici, que peut nous apporter le fait de choisir Dieu ? (Des bénédictions, l'appartenance à sa famille, la liberté par rapport au péché, la croissance spirituelle, etc.). Quand avez-vous reçu une bénédiction en réponse à une décision que vous aviez prise pour honnorer Dieu, ou bien, à quel moment avez-vous personnellement ou quelqu'un que vous connaissez a fait l'expérience d'une telle bénédiction ? Racontez-nous. Ainsi, que se passe-t-il quand nous rejetons Dieu ? Sur la base de ce que vous venez de lire, qu'arrive-t-il dans ce cas précis ? (La souffrance et la culpabilité vous nous hanter sans cesse.) Donnez des exemples de personnages qui ont souffert directement du fait d'avoir rejeté Dieu ?

ACTION
(Ce que je peux faire)

Même parmi des groupes qui ont fréquenté l'église toute leur vie, on trouve des gens qui n'ont jamais pris au sérieux le fait de devoir choisir le salut pour accepter le don de Dieu. Je voudrais t'offrir cette opportunité, ce matin. Si tu as déjà décidé d'être chrétien et si tu maintiens ce choix encore aujourd'hui, prie pour les autres choix que tu dois faire actuellement. Identifie les choix et demande l'aide de Dieu pour trouver la sagesse, le moyen de lui faire honneur et de te rapprocher de lui. Si tu ne choisis pas d'être chrétien, tu auras une décision très importante à prendre. Prie à propos de la décision de devenir chrétien. Demande au Seigneur son amour, confesse tes péchés et souviens-toi qu'il t'aime et il veut que tu l'aimes, toi aussi.

SEMAINE 29

THÈME : ROMAINS

Enfin libres !

PASSAGES BIBLIQUES

Romains 8.1-17, 20-21 ; 2 Corinthiens 3.17

VIE

(Ce qui se passe aujourd'hui)

Dès l'arrivée des élèves en classe, attachez les mains de la plupart d'entre eux. Maintennt qu'ils ont leurs mains attachées, débutez le cours avec des chants accompagnés de plusieurs mouvements. Gardez le rythme pour le rendre plus compliqué. Une fois qu'ils ont dépensé toute leur énergie avec les mouvements accompagnant les chants, proposez une autre activité difficile à faire avec les mains attachées (Se serrer la main, dessiner au tableau, sauter à la corde, etc.)

Que ressent-on quand on est lié ? Comme c"est frustrant de ne pas pouvoir faire les choses qu'on veut, n'est-ce pas ?

LA VÉRITÉ

(Ce que la Bible enseigne)

Dieu nous a crées libres pour nous permettre de faire des choix. Il voulait que nous choisissions librement de le servir. Ceci est illustré dans l'histoire d'Adam et d'Eve. Ils avaient cette liberté, mais quand le serpent les tenta, ils choisirent de vivre pour eux-mêmes plutôt que pour Dieu. Nous avons le même choix à faire, aujourd'hui. Á cause de la nature pécheresse qui règne en nous, nous devenons égoïstes. Seul par la grâce de Christ, nous pouvons être libérés de notre propre servitude. Nous pouvons choisir la liberté de suivre Jésus Christ et de vivre par l'Esprit !

Romains 8 jette carrément le blâme de notre servitude sur notre soumisson tendancieuse à la nature pécheresse, qui signifie donner libre cours à notre égoïsme, plutôt que que de nous laisser piégér par un tiers. Demandez à quelqu'un de lire Romains 8.1-17, 20-21. Instruisez la classe de retenir toute phrase ou affirmation qui pourrait avoir un lien avec l'idée de liberté. Faites relire le passage. Pendant la lecture, la classe criera « arrête » pour identifier les affirmations se rapportant à la liberté. Quelqu'un pourra noter les affirmations. Voici une liste d'affirmations disponibles : Il n'y a aucune condamnation (8.1) ; Nous sommes libérés de la loi de la mort (v.2) ; Nous ne vivons plus selon la chair (v.5) ; Nous ne sommes plus des ennemis de Dieu (v.7) ; Nous sommes libérés pour plaire à Dieu (v.8) ; Nous vivrons au lieu de mourir (v.13) ; Nous n'avons pas reçu un esprit de servitude mais un esprit d'adoption (v.15) ; Nous sommes libérés pour être enfants de Dieu (v.16) ; Nous sommes libérés de l'esclavage de la corruption (v.21) ; Nous avons part à la liberté de la gloire des enfants de Dieu (v.21).

La vraie liberté fait naître en nous le désir de plaire à Dieu et non de nous plaire à nous mêmes. Nous pouvons être sûrs que la voie de Dieu est la seule voie qui mène vers la vraie liberté. La voie de Dieu comble notre besoin de liberté ; en effet, il nous aide à redéfinir la liberté.

ACTION
(Ce que je peux faire)

Ecrivez 2 Corinthiens 3.17 au tableau ou sur une large feuille. Qu'est-ce que la liberté signifiait pour toi avant cette leçon ? Est-ce que ta conception a changé, maintenant ? Penses-tu que la définition de la liberté selon Dieu t'empêcherait de faire ce que tu veux de ta vie ? De quelle façon ? Montrez comment la liberté selon Dieu se révèle être la vraie liberté ?

Dites aux jeunes de répéter après vous ce qui suit :

- Puisque Jésus est mort sur la croix,
- Je peux connaître l'amour et le pardon de Dieu.
- Je ne suis plus esclave au péché.
- Je suis maintenant libre d'être tout ce que Dieu a voulu que je sois, lorsqu'il m'a créé.
- Je suis vraiment libre.

Louez et faites ensemble une prière d'action de grâce pour ce que Dieu a accompli en eux et en vous.

SEMAINE 30

THÈME : ROMAINS

Poules mouillées, prière de s'abstenir

PASSAGES BIBLIQUES

Romains 12.1-2, 9-21, 13.8-10

VIE

(Ce qui se passe aujourd'hui)

Avant la classe, emballez un cadeau dans un paquet. Quand vous serez pour commencer la leçon, placez le paquet au milieu de la classe et demandez aux élèves de deviner ce que c'est. Ne les incitez pas à le prendre ni à essayer de l'ouvrir. Mais s'ils veulent le faire, c'est encore mieux. Si l'un d'eux ouvre la boîte sans que vous ne le lui suggérez, pour voir son contenu ou si un autre devine correctement ce qui s'y trouve, ou ouvre la boîte, donnez-leur le cadeau à tous les deux. Á l'opposé, si personne n'ouvre la boîte après trois minutes, demandez quelle était la meilleure façon de savoir ce qu'il y a dans la boîte ? (C'était de l'ouvrir). En utilisant cette analogie, comment découvrez-vous les cadeaux que Dieu vous réserve ? Quel genre d'initiative avez-vous besoin de prendre pour recevoir les plus grands cadeaux de Dieu ? Comment, selon vous, Dieu répondrait si vous preniez l'initiative de le chercher ?

Tant d'obstacles nous empêchent de chercher le Seigneur et de nous offrir entièrement à lui. Y a-t-il quelques causes expliquant le dilemme qu'ont les jeunes de votre âge à s'engager avec le Seigneur ? Écrivez ces causes au tableau. Faites faire aux élèves, un exercice de remue-méninges pour trouver le moyen de triompher de ces obstacles (Ex.: comment vous débarrasser de votre timidité, de vos peurs passés, ou de vos doutes, etc.)

LA VÉRITÉ

(Ce que la Bible enseigne)

Nous sommes entourés de conflits qui nous empêchent d'être excellents en Dieu. Nous avons énuméré plusieurs d'entre eux. Ces conflits font plus que nous affecter spirituellement ; ils affectent aussi notre corps, notre esprit et notre volonté de telle sorte que Dieu ne puisse pas nous utiliser ou que nous ne puissions pas nous engager dans une relation avec Dieu.

Lisez la liste des conflits suivants auxquels plusieurs d'entre nous font face. Á mesure que vous énumérerez les conflits, les élèves diront s'ils proviennent du corps, de l'esprit ou de la volonté : la convoitise, la gourmandise, le doute, l'apathie, la paresse, le matérialisme, l'intellectualisme, l'égoïsme, les relations incontrôlées, l'orgueil, la vanité, la déception, la maîtrise de soi, le danger, accepter l'amour de Dieu, la vérité. Comment donner à Dieu nos conflits et nos échecs tout à la fois ?

Demandez à un élève de lire Romains 12.1-2. Si vous étiez un animateur de radio, comment liriez-vous ces deux versets de sorte que tout le monde puisse les comprendre ? Laissez chaque élève faire un essai. Á quoi pensez-vous quand la Bible dit : « présentez vos corps comme un sacrifice vivant » ? Lisez Romains 9.21. Quand nous nous soumettons à Dieu, a-t-il le droit de faire de nous ce qu'il veut ? Quelles sont les choses que Dieu veut pour nous ? Lisez Romains 8.9-21 et 13.8-10. Dans quelle mesure offrir notre corps à Dieu devient un acte visible à travers notre comportement à l'égard des autres ? (Ex. : en Romains 8.9, l'amour n'est pas hypocrite.) Nous donner à Dieu influence notre façon vivre et d'aimer ; nous comprenons mieux son dessein parfait pour notre vie et nous avons plus d'assurance en aimant les autres.

ACTION
(Ce que je peux faire)

Donnez à chacun un bout de feuille et dites-leur d'écrire leur nom sur ce bout de feuille. Ensuite, que chacun passe sa feuille à celui qui est à sa droite. Aussitôt que celui-ci reçoit le bout de feuille, il doit écrire un don, une caractéristique ou un talent qu'il voit en cette personne et qui peut être puissamment utilisé pour le Seigneur, s'il est soumis entre ses mains. Passez encore les bouts de feuille du côté droit, et répétez le processus jusqu'à ce que chacun reprenne sa feuille. Quand les élèves retrouveront leur papier, laissez-leur du temps pour lire les commentaires. Alors, instruisez-les de décrire au verso de la feuille ce qu'ils pourraient devenir pour le Seigneur s'ils se soumettaient totalement à Dieu. Priez pour chacun de vos élèves, demandant à Dieu d'utiliser leur soumission pour sa gloire.

SEMAINE 31

THÈME : RELATIONS FAMILIALES

Puisque vous ne pouvez pas les choisir, alors choisissez de les aimer

PASSAGES BIBLIQUES

Éphésiens 6.1-4, Exode 20.12 ; 1 Corinthiens 13.4-7

VIE

(Ce qui se passe aujourd'hui)

Des parents, tout le monde en a. Vous les aimez réellement, mais parfois, il semble difficile de vivre avec eux. Nous souhaitons tous une famille parfaite où chacun a son mot à dire, où tout problème est résolu avec rapidité, et où tout le monde vit heureux. Mais malheureusement, ce genre de familles est rare. Même les meilleures familles connaissent des batailles et des conflits.

Donc, il est important de se sortir de ces moments. Prêtez attention à cette situation :

Bob était enthousiaste à l'idée de la grande fête qui allait avoir lieu chez Jean. Le meilleur, c'est que les parents de Jean seraient absents et il n'y aurait aucune présence adulte à la fête. Cette fête était supposée être la meilleure fête de l'année — tout le monde serait là ! Quand Bob parla à ses parents de la fête, ils décidèrent qu'il n'irait pas parce qu'aucun adulte ne serait présent. Ils avaient peur en cas de probléme. Bob fut bouleversé et essaya de leur faire changer d'avis sans succès. Ce vendredi là, Bob désobéit à ses parents et se faufila hors de la maison pour partir à la fête. Quand il rentra chez lui, ses parents l'attendaient, mécontents que Bob leur ait désobéi. Ils le punirent pour tout un mois. Bob se fâcha et leur dit que ce n'était pas juste et qu'il les haïssait.

Qu'est-ce que Bob et ses parents auraient pu faire pour éviter le problème ? Comment Bob devait-il répondre devant la décision de ses parents ? Qu'est-ce qui vous oppose à vos parents et comment arrivez-vous à vous faire comprendre ?

Il est si facile de toujours mettre l'accent sur les choses que nous n'aimons pas chez l'autre. Toutefois, dans toutes les relations, il y a de bonnes choses mélangées aux choses moins bonnes. Prenez un moment pour parler de vos parents. Ne pensez pas aux choses négatives, seulement aux choses positives ! Pensez au moins deux choses que vos parents font bien. Il peut s'agir de vancances qu'ils vous ont accordées ou de la manière dont ils arrivent à résoudre un problème particulier.

Qu'est-ce Bob et ses parents pouvaient faire pour résoudre le conflit qui les opposait. Comment Bob devait-il réagir devant la décision de ses parents ? Qu'est-ce qui vous oppose à vos parents, et comment arrivez-vous à vous faire comprendre ?

Très souvent, il est facile pour nous de mettre l'accent sur les choses que nous n'aimons pas chez autrui. Cependant, dans la plupart des relations humaines, il y a Un mélange de bonnes choses et de choses moins bonnes. Pensons un instant à nos parents. Pensez aux bonnes choses et laissez les mauvaises de côté ! Essayez de penser à deux choses au moins que vos parents font bien. Il peut s'agir de vacances que vous prenez ou de la manière dont ils résolvent un problème.

LA VÉRITÉ
(Ce que la Bible enseigne)

Divisez la classe en deux groupes. Des premiers parents, Adam et Eve jusqu'à nos propres parents, il y a toujours des conflits qui surgissent entre les parents et leurs enfants. Donc, il faut surmonter les moments difficiles pour développer des relations solides. La Bible donne quelques principes de base sur la façon d'entretenir des relations avec nos parents. Distribuez les versets ; un groupe prendra Éphésiens 6.1-4, Exode 20.12 et un autre prendra 1Co 13.4-7 pour réécrire le passage avec leurs propres mots se sorte de démontrer le rapport qui existe entre eux-mêmes, en particulier, la jeunesse en général et leur passage.Á la fin de l'exercice, chaque goupe exposera son travail.

Qu'est-ce qui vous frustre le plus chez vos parents ? Pourquoi ? Si vous pouviez changer une seule chose dans votre relation quotidienne avec vos parents, qu'est-ce que ce serait ? Pourquoi ? Quelles sont les caractères d'une relation saine entre parents et jeunes, selon les Écritures ?

ACTION
(Ce que je peux faire)

La Bible donne des principes de vie essentiels. Ces principes interviennent à la fois dans nos relations d'amitié et de connaissance, et dans celles que nous entretenons avec nos parents.

Plus haut, nous avions énuméré des caractéristiques qui selon les Écritures, devraient marquer nos relations avec les parents. Maintenant que tu as parcouru ces caractéristiques, comment estimes-tu tes relations avec tes parents ? Que peux-tu dire de tes rapports avec tes parents sur la base de ces versets ? Que veux-tu faire pour bâtir ou maintenir ette relation ? Terminez la séance avec la prière.

SEMAINE 32

THÈME : RELATIONS FAMILIALES

Il n'est pas lourd, il est mon frère

PASSAGES BIBLIQUES

1 Jean 4.20-21 ; Colossiens 3.12-14 ; Luc 10.38-42 ; 15.11-32

VIE

(Ce qui se passe aujourd'hui)

Combien d'entre vous ont des frères et/ou soeurs ? Je suis sûr que vous ne vous battez pas, que vous ne vous irritez pas mutuellement, et que vous vous dites des mots gentils. N'est-ce pas ? Peut-être bien que non. Pour quelles raisons vous battez-vous ? (Écrivez les réponses au tableau ou sur une large feuille sous le titre de « frustration ».) Comment réagissez-vous quand ces choses arrivent ? (Enumérez-les sous le titre : « expression ».) La plupart d'entre nous, peu importe leur âge, traversent des périodes où l'entente avec nos frères et sœurs est difficile ; surtout, quand nous ne réagissons pas de la manière la plus honorable pour Dieu, ou d'une façon productive.

LA VÉRITÉ

(Ce que la Bible enseigne)

Nous examinerons cinq paires de frères dans la Bible et les frustrations que chacun rencontre. Divisez la classe en cinq groupes avec une bible au moins, et un passage par groupe. Voici ci suit les passages : Luc 10.38-42 (Marie et Marthe) ; Genèse 25.19-34 (Jacob et Esaü) ; Genèse 4.2b-8 (Caïn et Abel) ; Genèse 37.2-23, 28 ; 45.4-8 (Joseph et ses frères) ; Luc 15.11-32 (Le fils prodigue et son frère). Chaque groupe doit lire son passage et faire ressortir les 'frustrations' entre les frères et la façon dont elles sont 'exprimées'. Quand ceci sera fait, chaque groupe exposera son passage ainsi que les 'frustrations' et leur mode 'd'expression' dans le passage. Soulignez soigneusement les ressemblances visibles entre leurs propres frustrations et celles des personnages bibliques étudiés.

La semaine dernière, nous avions lu le chapitre sur l'amour en 1 Corinthiens 13. Quelqu'un se rappelle-t-il des caractéristiques d'un chrétien qui agit par amour ? (Il est patient, gentil, n'est point envieux, ne se vante pas, n'est pas orgueilleux, ne cherche point son intérêt, ne s'irrite point, ne soupçonne point le mal, il excuse tout, il croit tout, il espère tout, il supporte tout.) Ces mêmes caractéristiques déterminent la manière dont nous traitons nos frères et soeurs. Lisez Colossiens 3.12-14. Demandez ce que veut dire : « revêtez-vous » de ces qualités ? Comment devons-nous nous « supporter les uns les autres » ? Comment nous pardonner les uns les autres ? Comment le Seigneur pardonne-t-il ? Pourquoi l'amour est-la caractéristique qui surpasse toutes les autres ?

ACTION
(Ce que je peux faire)

Dieu nous a créés avec une variété d'émotions qui se manifestent selon les situations : l'amour, le bonheur, la peur, la jalousie, la tristesse, et même la colère. Bien que ces émotions ne soient pas mauvaises, nous les abordons d'une façon **dangereuse.** Jésus a expérimenté les mêmes émotions, et il nous donne des instructions à ce propos. En Matthieu 18, Pierre demande à Christ : « Combien de fois pardonnerai-je à mon frère... ? Jusqu'à plus de sept fois ? » Jésus lui répondit : jusqu'à soixante dix fois sept fois ». Il parla des pacificateurs et du principe du deux mille, au lieu de juger et de rendre le mal pour le mal.

Il y a une image bien connue d'un garçon transportant un autre petit garçon sur son dos. Vous vous dites que cela doit sûrement être pénible pour l'un de transporter l'autre. Cependant, la phrase en-dessous de l'image dit : « Il n'est pas lourd, il est mon frère ». Nous avons souvent avec les membres de notre famille, des expériences difficiles à accepter, mais en tant que chrétiens, nous sommes appelés à les aimer et à les supporter. Examinons les scénarios suivants pour voir quel comportement chrétien nous devons avoir dans ces cas là : 1) Ton petit frère veut toujours te suivre quand tu sors avec tes amis. 2) Le petit ami de ta soeur vient de rompre avec elle, et elle est de mauvaise humeur et se met à crier sur toi sans raison. 3) Quoique tu fasses, ton frère cadet le fait toujours mieux que toi et tout le monde se moque de toi. 4). Ta soeur porte ton chemisier préféré sans te demander la permission, et voilà qu'il y a une grosse tâche sur le chemisier.

Lisez 1 Jean 4.20-21. Dieu nous dit clairement que si nous vivons pour lui, nous devons aimer nos frères et soeurs. En pratique, comment pouvons-nous améliorer notre amour pour eux ? Priez pour conclure la séance, en faisant cette demande spécifique à Dieu : aider chaque élève à développer les caractéristiques de Dieu dans ses relations avec sa famille.

SEMAINE 33

THÈME : RELATIONS FAMILIALES

Conduisez-les à Dieu avec amour

PASSAGES BIBLIQUES

Marc 5.18-20; Jean 1.40-41; Matthieu 5.10-12, 14-16

VIE

(Ce qui se passe aujourd'hui)

Avant de commencer la classe, écrivez sur un bout de feuille, les différents rôles des membres d'une famille (Mère, père, frères aînés, frères cadets, l'aînée, belle-mère, beau-père, beau-frère, belle soeur, etc.), en plaçant une petite croix sur la moitié de la feuille si ce membre est un chrétien. Ensuite, distribuez ces bouts de feuille en l'épinglant sur la chemise ou la robe de l'étudiant(e). L'activité consistera à jouer le rôle d'un membre de la famille selon le titre que chacun a reçu. Toute réponse donnée et toute action faite doivent refléter le point de vue en accord avec le rôle de cet individu dans la 'famille' de votre classe. Chaque rôle devra être (épinglé) bien en évidence sur les tenues des élèves.

Lisez la situation suivante : grand-mère et grand-père ont décidé de donner à cette famille beaucoup d'argent. En effet, ils donnent 2,566,499 F.CFA à la famille qui est libre de dépenser cette somme à sa convenance, tant que tout le monde s'entend sur la façon dont l'argent sera dépensé. Vous êtes maintenant présent à la réunion où cette décision sera prise. Je suis l'avocat chargé de ce dossier. Vous [Les élèves] devez vous concerter pour décider comment dépenser cet argent. (La « famille » disposera de dix minutes environ pour trouver la manière adéquate de dépenser l'argent. Rappelez-leur que chacun est supposé imiter exactement l'attitude qu'aurait eu ce membre de sa famille.)

Nous faisons tous partie d'une famille. Chaque famille diffère dans sa structure physique (il y a des familles avec un seul parent, avec deux parents, sans frère ni soeur et d'autres avec plusieurs frères et soeurs), ainsi que dans sa structure spirituelle (les uns choisissent de suivre Christ tandis que les autres refusent de le suivre). Ceci rend souvent les choses difficiles dans une famille. Quels sont les plus graves conflits que vous avez eu avec les non chrétiens de votre famille ? Quelle est la plus terrible obstacle qu'un chrétien rencontre dans une famille non chrétienne ?

LA VÉRITÉ
(Ce que la Bible enseigne)

Demandez à un élève de lire Marc 5.18-20. Voilà un homme qui fut abandonné par sa famille et ses amis à cause de sa condition. Que voulait-il faire après que Jésus l'eut guéri ? (Partir avec Jésus). Qu'est-ce que Jésus voulait qu'il fasse ? (Qu'il rentrasse chez lui, et racontasse et montrasse à sa famille son changement.) Si vous étiez un membre de sa famille et que vous voyiez le changement, comment auriez-vous réagi ? Lisez Jean 1.40-42. Qu'est-ce qui est important à propos des actions de André ? (Il voulut que son frère connût ce qu'il connaissait.) Lisez Matthieu 5.14-16. Pourquoi est-il si important de laisser notre lumière briller ? Á quel point est-il difficile de laisser votre lumière briller quand votre famille se moque complètement se savoir si elle brille ou non ? Quelqu'un pour lire Matthieu 5.10-12. Est-ce que l'un d'entre vous a déjà été persécuté par sa famille à cause de sa foi ? Comment viviez-vous cette situation ? Que comprenez-vous par cette parole de Christ : « Réjouissez-vous et soyez heureux car votre récompense sera grande dans les cieux » ?

En tant que chrétiens, nous ne pouvons justement pas réserver notre vie uniquement pour le travail du Seigneur. Nous sommes appelés à tout faire (: travailler, se divertir, discuter, étudier, vivre en famille, etc.) au nom du Seigneur Jésus (Colossiens 3.17).

ACTION
(Ce que je peux faire)

C'est le plan de Dieu que tous viennent à Christ. Depuis le commencement, Dieu a donné l'occasion à des gens ordinaires comme toi et moi de croître en amenant d'autres à Christ. Pour certains d'entre nous, c'est un ami qui nous a conduit à Christ; pour d'autres, c'est un pasteur ; or, pour d'autres, c'est un membre de leur propre famille. Voici ce que disent les Écritures sur le témoignage. (Lisez Matthieu 5.14-16). Qu'as-tu appris aujourd'hui, qui d'après toi, pourra t'aider à bâtir des relations avec ta famille non chrétienne et à témoigner devant eux ?

Terminez par la prière en demandant à Dieu d'équiper chacun d'entre vous pour témoigner et montrer son amour à toutes les familles.

SEMAINE 34

THÈME : RELATIONS FAMILIALES

Nouvelles relations

PASSAGES BIBLIQUES

Genèse 29.1-30 ; 30.1-24 ; Exode 1.22—2.10 ; 2 Samuel 13 ; 1 Rois 11.1-4

VIE

(Ce qui se passe aujourd'hui)

Avant la leçon, remettez un morceau de papier couleur à chaque membre de la classe. Découpez chaque bout de papier en trois morceaux et gardez chaque « puzzle ». Ensuite, étalez une feuille, légèrement rattachés, sur la chaise de chaque élève. Après la rentrée en classe, dites-leur d'échanger deux de leurs bouts de papier avec ceux d'un autre camarade — qu'importe la couleur ou la forme. Une fois fait, vous leur dites de reconstituer le puzzle complet avec les morceaux qu'ils ont. Cependant, vous constaterez qu'ils seront presque tous incapables de le faire. Distribuez des ciseaux et laissez-leur 20 secondes pour tailler et reconstituer leur feuille.

Expliquez comment la tâche que vous venez d'exécuter peut être comparée à une famille qui tente de survivre à un divorce, à un décès ou à un autre mariage ? Est-ce que c'est facile pour une belle-famille de reformer une famille complète ? Qu'est-ce qui rend cela difficile ? Combien y a-t-il souvent des différences dans une famille mélangée ? Quelles sont ces différences ?

La vie est dure pour n'importe quelle famille, de nos jours ! Parfois, la première famille que nous connaissons se brise, et nous nous retrouvons à essayer de recoller les morceaux. Quelquefois, ces morceaux impliquent de vivre des situations étranges, telles que le fait de vivre des kilomètres séparés les uns des autres, ou d'avoir à partager, pour la pemière fois, notre foyer avec des inconnus ! Qu'est-ce qu'on pourrait normalement ressentir en de tels moments ? (Colère, amertume, tristesse, peur, trahison, etc.) Quels changements verriez-vous si l'un de vos parents se remariait avec quelqu'un d'autre et que vous soyez forcés de vivre avec une toute nouvelle famille ? (Là où vous vivez ; là où vous allez à l'école ; situations de chambre ; programmes quotidiens ; discipline et règles des parents ; responsabilités dans le ménage).

LA VÉRITÉ
(Ce que la Bible enseigne)

Savez-vous comment la Bible traite la question du second mariage ? Nous allons examiner cinq exemples de seconds mariages en commençant par diviser la classe en 5 groupes, puis en leur attribuant respectivement un des passages qui suit : 2 Samuel 13 (Amnon et Tamar —demi-frère et demi-soeur) ; Exode 1.22-2.10 (Moïse et la fille du Pharaon) ; Genèse 29 (Jacob, Léa et Rachel) ; Genèse 30 (Jacob, Rachel et Bilha, la servante de Rachel) ; 1 Rois 11.1-4 (Salomon et ses femmes). Les groupes doivent lire les passages et résumer la situation de la famille pour la classe.

Ensuite, examinons certains passages de l'Écriture qui traite des sept (7) vérités ou commandements essentielles sur les relations. Attribuez à chaque jeune un passage dans cette liste. Chacun lira son passage et en tirera une « vérité/commandement en rapport avec les relations ». **1.** Romains 3.23 ; 2.1 ; 1 Jean 1.8 (Tout le monde fait des erreurs). **2.** Éphésiens 4.31-32 ; Luc 17.3-4 ; Matthieu 12-15 ; 1 Jean 2.1 (Se pardonner soi-même, d'abord, pardonner ensuite, aux autres est essentiel.) **3.** Jacques 3.5-6 ; Éphésiens 4.29 (Faites attention à ce que vous dites) **4.** Hébreux 3.13 ; Matthieu 10.42 ; 5.7 (Un petit encouragement change beaucoup de choses) **5.** 1 Corinthiens 12.25-26 ; Jean 15.9-13 (Prenez le temps de bâtir des relations d'amour et d'affection.) **6.** 2 Timothée 3.14-16 ; Matthieu 7.24-25 ; Éphésiens 6.17 (Bâtir une solide fondation dans la Parole) **7.** 1 Timothée 4.12 ; Éphésiens 6.10-19 (Restez ferme dans votre foi.).

ACTION
(Ce que je peux faire)

Les membres d'une famille mélangée font face à de nombreux défis dans le processus pour devenir une famille. Ces défis occasionnent souvent des blessures et exigent des ajustements. Ce qu'il faut surtout retenir, c'est que bâtir une nouvelle famille nécessite du temps ; du temps pour s'attrister sur les changements, pour construire de nouvelles relations et forger de nouvelles habitudes. Il n'y a pas de remède magique pour éffacer toutes les différences, ainsi tout le monde est heureux pour toujours. Il faut du temps, de la dévotion et de l'amour. Toute relation demande un travail. Ceci est particulièrement vrai quand deux familles s'unissent. Dites à vos jeunes étudiants de réviser les « Sept vérités/commandements sur les relations » et d'en choisir une à laquelle ils prêteront une attention particulière. Enfin, priez pour les jeunes et leurs familles.

SEMAINE 35

THÈME : FUYEZ LES ABUS

A la recherche du vrai

PASSAGES BIBLIQUES

Romains 6.11-14 ; 1Corinthiens 6.19-20 ; 2 Corinthiens 5.5, 9-10 ; 7.1

VIE

(Ce qui se passe aujourd'hui)

Posez les questions vrai ou faux pour découvrir ce que les jeunes savent sur les drogues et l'alcool :

1. ***La drogue la plus utilisée par les jeunes est le dagga*** (en Afrique australe). (Faux — Bien que le dagga soit une drogue dont l'usage par les jeunes est souvent illégal, l'alcool est un puissant dépresseur classé dans la catégorie des drogues ; son usage est plus fréquent que le dagga chez les jeunes.)
2. ***L'usage de alcool est fréquent dans les familles.*** (Vrai — Les enfants nés de parents alcooliques sont fortement exposés eux aussi aux dangers de l'alcoolisme dans un environnement où l'alcool est quasi présent.)
3. ***Essayer une drogue juste une fois ne peut pas vous faire de mal si vous êtes prudent.*** (Faux — Votre corps peut mal réagir à la drogue et/ou votre comportement peut-être suffisamment altéré au point de vous forcer à prendre des graves risques.)
4. ***La pire chose qui peut vous arriver lorsque vous prenez beaucoup d'alcohol, c'est que vous êtes malade en plus d'avoir une terrible gueule de bois.*** (Faux — Chaque année, des jeunes boivent jusqu'au coma et meurent d'une paralysie respiratoire.)
5. ***Boire du café ou prendre une douche froide peut être un bon moyen de retrouver la sobriété.*** (Faux —L'alcool est absorbé presque immédiatement dans le système sanguin et prend à peu près une heure par verre pour être brûlé par le corps. La douche et le café n'ont aucun effet sur le niveau de l'alcool contenu dans le sang — seul le temps peut avoir un effet sur l'alcool.)
6. ***Une personne ne peut pas développer une dépendance dans les pilules pour régime, ni dans les médicaments.*** (Faux — Les pilules pour régime et les médicaments peuvent causer des dépendances psychologiques et physiques, s'ils ne sont pas utilisés proprement.)
7. ***Fumer de la cigarette n'affecte que vos poumons et votre coeur.*** (Faux — La cigarette contient de la nicotine, une drogue qui cause une dépendance physique et psychologique. L'utilisation d'une drogue quelconque associée à la nicotine, par une femme enceinte peut causer de sérieux troubles médicaux dans le fœtus.)

Énumérez les raisons avancées par les jeunes concernant l'usage de l'alcohol et des drogues : ex : l'influence des copains, la curiosité, le désir de s'évader de la réalité, le désir de se sentir adulte, la révolte, etc.) Révisez la liste avant de souligner que la plupart des causes sont liées aux sentiments que les gens ont vis-à-vis d'eux-mêmes. Dites aux jeunes de décrire les sentiments qui se cachent derrière chaque cause. (La solitude, le désespoir, le besoin d'être accepté, le besoin d'être heureux, etc.)

LA VÉRITÉ
(Ce que la Bible enseigne)

Bien que la Bible ne dise nulle part : « Vous ne devez prendre ni la drogue, ni la cigarette, ni l'alcool », il y a de nombreux OUI dans la Bible qui nous guident dans nos choix.

Divisez la classe en deux groupes. Le groupe un doit lire les versets suivants et répondre aux questions correspondantes : Quand nous utilisons la drogue, l'alcool, ou le tabac, est-ce que nos actions reflètent une vie qui glorifie Dieu ? (Romains 6.11-14 ; Colossiens 3.2 ; Éphésiens 2.10.) Quand nous utilisons la drogue, l'alcool, ou le tabac, sommes-nous toujours capables de nous contrôler ? (Colossiens 3.17 ; Galates 5.23 ; 1 Pierre 1.13 ; 5.8). Le groupe deux doit faire de même avec les passages et questions suivants : Avec ce que nous savons sur les effets de la drogue, de l'alcool et du tabac, pouvons-nous en consommer et continuer de considérer notre corps comme le temple de Dieu ? (1 Corinthiens 6.19-20 ; 2Corinthiens 5.5, 9-10 ; 7.1). Est-ce que ce je fais influencera les autres positivement ou négativement ? (Romains 14.1,13,21 ; 1Corinthiens 8.9 ; Matthieu 18.6) Quand l'exercice sera fini, chaque groupe exposera ses réponses.

Étant donné que tout ce que nous faisons doit refléter notre adoration pour Dieu, que peut-on conclure sur les boissons alcoholisées, les drogues ou le tabac ? (Toutes ces choses détruisent non seulement notre corps, mais aussi notre vie.) Á quel moment, une personne qui fait usage de la drogue, de l'alcool, ou du tabac, décide-t-elle de devenir un accro ? (Personne ne 'décide' consciemment de devenir un accro.) Qu'il y a-t-il de bon dans ces choses ? (Rien. Les drogues ou l'alcool peuvent nous amener à blesser, ou à tuer des gens sur la route, ou à prendre certains risques lorsque notre esprit est embrouillé. La fumée dérange les autres. Des familles sont brisées, des enfants sont brimés et des épouses battues à cause de l'usage d'alcool et de drogues.)

ACTION
(Ce que je peux faire)

Certains d'entre vous ont déjà pris la décision de ne jamais recourir aux drogues ou à l'alcool. C'est génial, et je suis fier de vous. Cependant si quelqu'un n'a pas encore fait ce choix, je l'encourage à le faire dès aujourd'hui. Plus longtemps tu attendras, plus difficile ce sera, et plus désastreux et nombreux seront les conséquences. Peu importe ta décision, Jésus t'aime et veut te donner une vie faite de paix et de santé. Il promet de te donner la « vie abondante » si tu l'y autorises. Terminez la leçon par la prière.

SEMAINE 36

THÈME : FUYEZ LES ABUS

Qu'est-ce qui vous ronge ?

PASSAGES BIBLIQUES

Genèse 1.27 ; Psaumes 8.4-8 ; Romains 7.15-25 ; 1 Corinthiens 6.19-20 ; 2 Corinthiens 5.17-20 ; Éphésiens 2.10

VIE

(Ce qui se passe aujourd'hui)

Combien d'entre vous connaissent le conte de Blanche Neige ? Le conte pose un problème, une question que la méchante reine posait souvent à son miroir magique : « Miroir, miroir sur le mur, qui est la plus belle de toutes ? » Elle voulait être la plus belle femme du royaume. Mais, quand le miroir lui répondait : « Ma Reine, bien que vous êtes jolie, Blanche Neige est la plus belle de toutes », la reine rentrait dans une colère si grande, qu'elle tentait de faire tuer Blanche Neige. Malgré la beauté de la reine, elle n'était pas satisfaite, jamais satisfaite. La plupart d'entre nous n'ont pas de problèmes avec leur apparence. Toutefois, certains sont si insatisfaits de leur apparence qu'ils sont prêts à commettre des folies pour la changer. Ces efforts consument leur temps, énergie, argent, et quelquefois, leur santé.

Après avoir demandé aux jeunes de citer deux ou trois mannequins de mode bien connus, posez les questions suivantes à discuter : Á quoi ressemblent ces mannequins ? Quel est le « message » véhiculé par leur apparence ? (L'image est tout ce qui compte. Si vous voulez être populaire, vous devez être belle ou beau, et définitivement mince.) Comment font ces mannequins pour garder leur ligne ? (Ils ont à leur disposition des entraîneurs personnels, des conseillers en diététique et des chefs cuisiniers pour préparer leur nourriture. Certains passent des heures, chaque jour, dans des clubs de santé pendant que d'autres souffrent de malnutrition.) Est-ce que de pareilles méthodes sont réalistes ?

Nous ressemblons souvent à ce que nous ressentons vis-à-vis de nous-mêmes. Nous avons tous une conscience profonde de notre corps. Chacun dans cette salle a une valeur incroyable qui n'a rien à voir avec son apparence. Si vous plaisantez ou vous vous moquez de l'apparence d'une personne, celle-ci se sentira profondément blessée ; de plus, cela est inutile.

LA VÉRITÉ
(Ce que la Bible enseigne)

Dans cette activité, la classe jouera le rôle du docteur qui est invité à une émission de radio lors de laquelle des auditeurs appellent pour poser des questions, et reçoivent des réponses en direct.

Choisissez dans la classe cinq jeunes pour être 'ceux qui appellent' et donnez-leur chacun une des questions suivantes. Ensuite, un à un à la fois, ils poseront leurs questions et toute la classe devra alors décider d'une réponse à donner, basée sur leur lecture ou compréhension du passage cité.

Interlocuteur N° 1. Bonjour Docteur. Je m'appelle Marie. J'ai l'impression de n'être qu'un point dans tout l'univers. J'importe peu. (Genèse 1.27 ; psaume 8.5-7 — Dieu nous a créés à son image, il nous tient en haute estime et il se préoccupe de chacun de nous personnellement.)

Interlocuteur N° 2. Bonjour, je m'appelle Jim. Je ne sais pas pourquoi, mais je me sens inutile. Je suis incapable de faire le bien. Je suis un gros zéro. (Éphésiens 2.10 — C'est Dieu qui nous donne de la dignité et de la valeur.)

Interlocuteur N° 3. Allo ? Docteur, j'ai l'impression de n'avoir aucun contrôle sur ma vie ! (Romains 7.15-25 — Si nous nous n'avons pas de contrôle sur notre vie, Christ le fera.)

Interlocuteur N° 4. Bonjour, je m'appelle Emma, et je hais mon corps ! (1 Corinthiens 6.19-20 — Notre corps est le temple de l'Esprit de Dieu).

Interlocuteur N° 5. Docteur, vous êtes mon dernier espoir. J'ai essayé de changer à plusieurs reprises, mais je n'y arrive pas ! (2 Corinthiens 5.17-20 — Si nous sommes connectés à Jésus, il nous aidera à croître en une belle et nouvelle/ utile création en nous transformant).

Auquel des correspondants vous identifiez-vous ? Pourquoi ? Comment faites-vous pour résoudre ce genre de sentiments ? Selon vous, comment Dieu voit-il vos problèmes ?

ACTION
(Ce que je peux faire)

Veiller sur ce que nous mangeons et buvons et prendre la décisison réfléchie de choisir une nourriture saine sont les premières conditions d'une vie saine et productive. Le soin que nous prenons de notre corps constitue une partie importante du service et de la louange que nous vouons à Christ. Bien manger, dormir suffisamment, faire de l'exercice physique, pratiquer une bonne hygiène personnelle, éviter les mauvaises habitudes et faire des bilans réguliers sont autant de points positifs pour maintenir le corps en bonne santé. Souviens-toi que ton corps est le temple de l'Esprit de Dieu. Prends dès aujourd'hui, la décision de mener une vie saine qui fait honneur à Dieu. Tu vaux un prix incroyable parce que Dieu t'a créé à son image. Terminez par la prière.

SEMAINE 37

THÈME : FUYEZ LES ABUS

A la poubelle !

PASSAGES BIBLIQUES

Proverbes 6.25-26 ; 7.21-27 ; Matthieu 5.27-30 ; Romains 12.2 ; 1 Corinthiens 13 ; Philippiens 4.8

VIE

(Ce qui se passe aujourd'hui)

Pouvez-vous demander aux jeunes de citer des exemples de descriptions mal faites d'objets ou de personnes — c'est-à-dire que dans les films, ou dans les journaux, ou à la télévision, l'objet décrit, ou la chose décrit(e) est très différent de ce qu'il est, en réalité.

Il y a une mauvaise représentation du sexe, en général . Cela s'appelle la pornographie. La pornographie exploite les acteurs et dénature les désirs naturels. Existe-t-il certaines formes pornographiques qui soient plus nuisibles que d'autres ? Comment les jeunes entrent-ils, la première fois, en contact avec la pornographie ? Demandez à cinq volontaires de lire ce qui va suivre :

Voix 1. La pornographie fait son chemin dans notre subconscient où elle est stockée en permanence.

Voix 2. Chaque image indécente visualisée, chaque mot vulgaire entendu, chaque scène violente visualisée sont stockés dans notre esprit. Les images remplissent tellement nos pensées qu'il s'en suit une confusion sur les limites naturelles du sexe. Nos valeurs et nos choix changent lorsque nous acceptons ces choses comme normales et acceptables.

Voix 3. La pornographie dénature le concept de l'amour véritable.

Voix 2. Au lieu de promouvoir le partage de l'amour conjugal, la sexualité devient un moyen de contrôle et d'exploitation du don de Dieu. Dans les montages pornographiques, les partenaires sexuels sont seulement utilisés pour une gratification personnelle et aussitôt mis de côté. Les enfants, les animaux et les individus de même sexe sont tous des partenaires sexuels potentiels à utiliser et à contrôler.

Voix 4. La pornographie promeut la violence.

Voix 2. La pornographie montre souvent des individus qui contrôlent d'autres individus moins forts qu'eux. Les femmes et les enfants sont les principales victimes. Souvent, les femmes sont exhibées en position d'esclaves afin de suggérer l'idée fausse que le rapport sexuel forcé est agréable. Certaines formes pornographiques sous-entendent que la violence et le viol sont acceptables dans l'activité sexuelle, et vont jusqu'à montrer des individus vicieusement violés, torturés, et sacrifiés sur l'autel du sexe. La vie perd son caractère sacré.

Voix 5. La pornographie détruit notre disposition naturelle face à une sexualité saine (ou pure).

Voix 2. Plus les gens se remplissent la tête d'images de sexe qui deshonorent Dieu, plus les désirs charnels diminuent au point où l'amour pur semble complètement insipide et insatisfaisant. Le point de non retour est atteint lorsque la pornographie seule parvient à satisfaire l'assaut frénétique et intense du désir. Les relations sexuelles normales entre un mari et sa femme ne suffisent plus pour satisfaire leurs besoins.

LA VÉRITÉ
(Ce que la Bible enseigne)

La pornographie attise le désir sexuel que Dieu a créé en nous. La Bible compte nombreuses mises en garde contre les conséquences d'un mauvais usage du sexe, qui est un don de Dieu. Lisez Proverbes 6.25-26 ; Proverbes 7.21-27 ; et Matthieu 5.27-28. Quelles sont les conséquences quand on choisit de jouir du sexe d'une manière pécheresse ? Que voulait dire Jésus par cette parole : « Quiconque regarde une femme avec désir a déjà commis l'adultère avec elle dans son coeur » (Jésus savaitque le péché de la chair venait des pensées et des désirs. Les désirs d'une personne importent autant que ses actions. L'activité sexuelle hors du mariage est aussi coupable que la convoitise. Jésus veut que notre cœur (désirs) soit pur. Si votre cœur est pur, vos actions le seront de toute évidence).

Lisez Romains 12.2 et Philippiens 4.8 à haute voix. Nous avons besoin « d'être transformés par le renouvellement de [notre] l'esprit » si toutefois, nous voulons vaincre les influences pécheresses. Quand nous permettons à Dieu de renouveler notre esprit, il restaure notre vision en l'orientant vers ses propres vertus, voire celles que nous devons louer. Il veut que nous considérions ce qui est vrai, noble, juste, pur, aimable, admirable, et digne de louange. Si nous exerçons notre esprit à de telles pensées, nos actions suivront le droit chemin.

ACTION
(Ce que je peux faire)

Tu es peut-être en train de penser : « cette leçon n'a rien à voir avec moi. Je ne regarde pas les magazines, ni les films pornographiques ». Cependant, tout le monde est concerné. Ces passages s'adressent à chacun d'entre nous. Avec quoi nourrissons-nous notre esprit ? Comment voyons-nous le sexe opposé ? Quel genre de conversations avons-nous avec nos amis ? Quel genre de musique écoutons-nous ? Nous avons tous besoin d'être transformés par Dieu, afin de refléter plus fidèlement son image. Á la fin de la leçon, faites une prière en demandant à Dieu d'aider chacun dans ses choix concernant les choses avec lesquelles il doit nourrir son esprit.

SEMAINE 38

THÈME : FUYEZ LES ABUS

Quand l'amour fait mal

PASSAGES BIBLIQUES

Exode 21.12-15 ; Juges 19.16-29 ; 2 Samuel 13.1-22 ; Psaumes 55 ; 1 Corinthiens 13.4-8a ; Colossiens 3.1-15

VIE

(Ce qui se passe aujourd'hui)

Demandez la définition du mot « abus ». L'abus existe en tout temps et affecte tout le monde. Les gens qui exercent des abus contre d'autres le font parce que cela leur procure un sentiment de supériorité et de pouvoir. Les victimes sont soumises à la violence, à la force, et n'ont aucun moyen de s'échapper. Peut-être, connaissez-vous quelqu'un qui est victime d'abus. Peut-être, avez-vous personnellment vécu une pareille expérience.

Quels types de relations les gens entretiennent-ils entre eux ? (Amis, petit-ami et petite amie, collègues, employeurs, mère, père, soeurs, frère, etc). Il y a abus lorsqu'il existe un certain lien entre les gens. D'après vous, quelles sont les qualités qui rapprochent les gens ? (Amour, amitié, respect, besoin physique de protection et de soutien, etc.) Quelles sont les qualités que vous identifiez comme une source de relations malsaines ? (Jalousie, domination, manque de respect, égoïsme, peur, etc.). Quand ces qualités apparaissent dans une relation, il y a des forts risques d'abus. Combien de types d'abus connaissez-vous et quelles en sont les caractéristiques ? Ecrivez les réponses au tableau ou sur une feuille. (L'abus psychologique inclut l'abus mental et émotionnel ; l'abus physique inclut l'abus sexuel et la violence).

LA VÉRITÉ

(Ce que la Bible enseigne)

Comme nous l'avons vu, les relations abusives peuvent prendre différentes formes — physique, émotionnelle, sexuelle et verbale. L'abus n'a rien de nouveau. Toutes les fois qu'il y a un cas de péché, l'abus aussi est présent…même dans la Bible ! Avec quatre groupes pour lire les passages suivants : 2 Samuel 13.1-22 ; Juges 19.16-29 ; Exode 21.12-15 ; Psaumes 55.

Psaumes 55. Chaque groupe résumera le passage donné. Pendant qu'ils présenteront leur résumé, adressez-leur ces questions :

1. Quel genre d'abus est décrit dans le passage ?
2. Quelles étaient les attitudes et les émotions du malfaiteur ?
3. Et celles de la victime ?
4. Que nous enseigne ce passage ?

Cherchez Colossiens 3.1-15 puis dessinez deux bâtons au tableau ou sur une grande feuille. Au dessus de l'un d'eux, écrivez : « Laissez-le derrière » et au dessus de l'autre, « Mettez-le. » Pendant que vous lirez Colossiens 3.1-15 avec vos élèves, dites-leur d'écrire ou de dessiner les qualités spécifiques sur le dessin approprié. Discutez comment ces dessins illustrent les qualités propres d'une relation saine.

Nous avons montré comment éviter les abus ? Mais que pouvez-vous faire si vous êtes déjà piégé dans une relation abusive ?

ACTION
(Ce que je peux faire)

Comment se sortir d'une relation abusive ? Voilà comment il faut faire !

1. Éloigne-toi de tout ce qui représente un danger physique pour toi. Quitte le lieu, appelle la police, fais tout ce qui est nécessaire pour te mettre hors de danger.

2. Fais savoir à quelqu'un que tu es molesté ... ils ne peuvent pas forcément deviner ce qui se passe. Confie-toi à un adulte digne de confiance — tes parents, un enseignant, ton pasteur ou ton responsable des jeunes.

3. Ne crois pas que ce qui t'arrive est de ta faute ou que tu le mérites de toutes façons.

4. Ne crois pas que tu es faible ou indigne parce que tu es victime d'une relation abusive.

5. Cherche conseil pour surmonter les problèmes émotionnels et psychologiques causés par l'abus.

Ce sont là quelques moyens pour une personne abusée de briser le cycle d'une relation abusive. Mais, la partie la plus importante de la « cure » vient du grand docteur, Dieu. Posez la question : Quel est le rôle de Dieu dans le processus de guérison ? Même si cela paraît trop difficile, Luc 1.37 dit : « Rien n'est impossible à Dieu. » Romains 8.37 dit : « Nous sommes plus que vainqueurs par celui qui nous aime. » Terminez par une prière.

SEMAINE 39

THÈME : UNE VIE DE SERVICE

Pourquoi servir

PASSAGES BIBLIQUES

Matthieu 20.25-28 ; Deutéronome 10.12-13 ; Michée 6.6-8

VIE

(Ce qui se passe aujourd'hui)

Distribuez des journaux et/ou des revues. En groupe ou individuellement, les élèves doivent trouver et découper des articles qui traitent des besoins et des problèmes de la société. Après cela, demandez-leur de partager leur idées avec la classe (écrivez-les au tableau ou sur une feuille). Demandez aux jeunes leur avis sur les causes de chaque problème. Par exemple, la situation des sans-abris est un grave problème dans la société. Les facteurs responsables de ce phénomène incluent le chomâge, l'absence de revenus, la toxicomanie, etc.

1. Que ressentez-vous à l'endroit des besoins que vous découvrez, et pourquoi réagissez-vous de cette manière ?
2. Connaissez-vous personnellement quelqu'un qui se trouve dans une situation semblable à celles dont nous parlions ? Expliquez.
3. Comment la société répond-elle à ces besoins là ? Et comment Dieu répond-t-il ? Quelles sont les réponses de Dieu ? Que chaque élève garde au moins un article ou un titre à utiliser plus tard pendant la session.

Comme nous avons analysé ces besoins, nous voyons que PLUSIEURS éléments s'assemblent pour créer des besoins dans notre société. Comment vous sentez-vous face aux énormes besoins de la société ? Que pouvons-nous faire ?

LA VÉRITÉ

(Ce que la Bible enseigne)

Sur une grande feuille, écrivez les passages bibliques du jour. Découpez la feuille en trois en leur donnant des formes bizzarres, mais que les passages demeurent intacts. Remettez les trois coupures à trois volontaires pour les lire, dans l'ordre suivant : Deutéronome, Michée et Matthieu. Après la lecture, dites-leur de s'avancer devant avec une « pièce du puzzle » et de le placer par terre, à la vue de tout le monde. Ensuite, demandez à un étudiant d'identifier pour la classe, les « Etapes du service » mentionnées dans ce passage donné. Les exemples sont : marcher dans ses voies, l'aimer, le servir, obéir à ses commandements, agir avec justice, aimer la miséricorde (compassion, pardon), marcher humblement avec (se soumettre à) Dieu, et ainsi de suite. Ensuite, utilisez la question suivante pour résumer cette section :

1. Pourquoi ces versets ressemblent à un puzzle ? (Ils sont reliés les uns aux autres, ils forment un tout.)
2. En vous basant sur ce que nous avons lu, quelle est la définition d'un serviteur ?
3. Dans quelle mesure, pensez-vous que notre amour pour Dieu peut nous inciter à le servir ?
4. Dans quelle mesure le message des Écritures peut-il nous aider à répondre aux besoins de la société ?

ACTION
(Ce que je peux faire)

Ensemble, nous pouvons commencer par nous surpasser dans le service en faveur des autres. Quand chacun fait sa part, des choses incroyables se passent. Dieu bénit nos efforts quand nous mettons notre foi au service d'autrui. Nous sommes ses mains, ses pieds, et sa voix sur la terre. Comme une classe, prenons le temps de voir comment démontrer ce que nous avons appris, aujourd'hui. Plus haut, nous avions identifié les besoins inavoués, causes réels des problèmes de la société.

1. Parmi ces besoins, choisissons-en un et occupons-nous en, immédiatement.
2. Pourquoi avoir choisi ce besoin en particulier ?
3. Quelle part joue la prière dans la recherche d'une solution à un problème ?
4. En tant que groupe ou individu, quelles sont les différentes étapes à suivre pour satisfaire ce besoin ?
5. Comment éviter de se retrouver dans une situation où on est dépassé et impuissant ?

Nous avons identifié des problèmes réels et d'une profonde ampleur, dans le monde. En subdivisant ces problèmes en petits problèmes, nous découvrons que l'unique moyen d'aider les gens est que nous devenions nous-mêmes, des serviteurs ; en donnant ce que nous pouvons, en mettant nos compétences au service des autres et en agissant d'une façon pratique, etc. Si nous prenons très au sérieux l'appel de Dieu, nous serons bien obligés de faire plus que simplement d'en parler, nous agirons. Effectivement, nous devons servir. Puisque nous allons finir par la prière, priez spécifiquement que Dieu vous montre comment il peut vous utiliser pour servir les autres. Demandez à chaque élève de garder l'article ou le titre utilisé au début de la leçon, dans leur bible, pour servir spécialement de prière de rappel, pour les besoins de leur communauté et du monde.

SEMAINE 40

THÈME : UNE VIE DE SERVICE

Servir est une manière de vivre

PASSAGES BIBLIQUES

Luc 12.35 ; Philippiens 2.1-11 ; 1 Pierre 4.10-11

VIE

(Ce qui se passe aujourd'hui)

Demandez à chacun de penser à une chose qu'il/elle considère comme une réalisation majeure dans sa vie (Ex. : devoirs de classe, mémorisation d'un texte théâtral ou musical, création, avoir un emploi, etc.) Faites-leur écrire une petite phrase ou un titre qui représente cette réalisation, ensuite dresse une liste des différentes étapes pour atteindre cet objectif. Demandez à chacun de raconter sa réalisation. Après cela, faites un second tour dans la classe pour demander aux jeunes de vous dire comment ils ont fait pour arriver à cette réalisation. Encouragez-les à être précis. Après l'intervention de tout le monde, posez les questions suivantes :

1. Qu'est-ce qui vous a motivé à faire cela ?
2. Avez-vous connu des frustrations le long du processus ?
3. Étiez-vous découragé ?
4. Qui ou qu'est-ce qui vous a aidé à continuer jusqu'au bout ?

De la même façon que ces réalisations ont été menées pas à pas jusqu'au bout, c'est ainsi que nous servons les autres. Cette première étape est de prendre la décision de laisser Dieu nous utiliser.

LA VÉRITÉ

(Ce que la Bible enseigne)

Lisez Luc 12.35 ; Philippiens 2.1-11 ; Pierre 4.10-11. Après la lecture des versets, l'étudiant notera sur sa feuille un élément qui s'applique personnellement à lui. Ceci sera suivi d'une discussion sur chaque passage en utilisant les questions ci-dessous. Marquer les principaux points de la discussion sur un tableau ou une feuille.

Que veut dire être prêt pour servir comme ainsi que le mentionne Luc 12.35 ? (Jésus dit à ses disciples d'être toujours prêts à servir et à chercher instruction auprès du Seigneur pour savoir comment le servir. Cette disponibilité veut dire être prêt à écouter et à obéir à la direction de l'Esprit-Saint dans **tous** les aspects de notre vie sans en négliger aucun. Ceci est seulement possible lorsque notre attitude et notre coeur s'accordent pour servir Dieu.)

Décrivez l'exemple donné par Jésus en Philippiens 2.1-11. (La plupart des gens veulent déterminer eux-mêmes le cours de leur vie. Avant tout, ils veulent être leur propre dieu. Jésus était Dieu, mais il ne chercha pas à profiter de l'égalité avec Dieu. Bien qu'il avait toute la puissance de l'univers au bout de ses doigts, il choisit de s'abaisser et de se dépouiller lui-même pour nous. Il s'abaissa lui-même et prit la condition du serviteur de l'humanité.)

Pourquoi pensez-vous qu'il est important de servir les autres ? (1 Pierre 4.10-11). (Paul nous dit en Philippiens 2.5, d'avoir la même attitude que Jésus avait. Nous sommes également appelés à donner tout ce que nous avons à Dieu, afin qu'il nous utilise pour les autres. Dieu honore notre désir de servir en pourvoyant sa puissance par Jésus Christ, afin de nous rendre aptes pour le service.)

Quels sont les fréquents exemples d'une absence de compassion visibles dans la société ? (préjudice, violence raciale, etc.).

ACTION
(Ce que je peux faire)

Dieu nous appelle à servir, mais souvent, nous hésitions. Nous nous disons peut-être que nous ne sommes pas qualifiés pour aider les autres. De plus, il semble qu'il y ait tant de besoins - que peut bien faire une seule personne devant autant de besoins, nous demandons-nous. On posa la question à la Mère Térésa, la célèbre missionnaire qui oeuvrait parmi les pauvres de Calcutta en Inde : « comment pouvez-vous subvenir toute seule aux besoins de tant de nécessiteux ? » Elle répondit qu'elle s'y prenait par une seule personne, à la fois. Dieu comprend nos soucis et nos peurs. Chacun a été créé par Dieu dans un but précis, et il nous a promis la force nécessaire pour réaliser ce but ! Tout le monde a le potentiel pour faire la différence dans le monde... au nom de Jésus.

Maintenant, regardons où nous allons. Demandez à la classe ce qu'ils espèrent faire dans la vie, plus tard. Dites-leur aussi d'expliquer comment ils peuvent être des serviteurs dans leurs choix professionnels. Encouragez-les à donner au moins quatre exemples. Discutez de ce qui pourrait se passer si chaque jeune membre de la classe consacrait bénévolement chaque semaine, une heure de son temps à l'œuvre de l'église ou de la communauté. Discutez les résultats de cette action. Le service commence à la maison, à l'école, dans notre vie de tous les jours avec la famille et les amis. Terminez par la prière.

SEMAINE 41

THÈME : UNE VIE DE SERVICE

Au service des nécessiteux

PASSAGES BIBLIQUES

Proverbes 31.9 ; Matthieu 25.31-46 ; Jacques 2.14-17

VIE

(Ce qui se passe aujourd'hui)

Apportez en classe des annuaires téléphoniques qui renferment des pages blanches et jaunes. Divisez les étudiants en deux ou trois groupes et distribuez au moins une annuaires à chaque groupe. Faites remarquer à vos élèves que les meilleures occasions de service passent parfois inaperçues parce que nous ne savons pas où trouver ces opportunités. C'est pourquoi, nous allons donc faire une liste des organisations de la région qui offrent des services avec leurs adresses et numéros de téléphone. (Si vous n'avez pas pu trouver des annuaires téléphoniques, dites aux étudiants de faire une liste des organisations qu'ils connaissent).

Demandez aux élèves de chercher des organisations telles que la Croix Rouge, les foyers pour les sans domiciles et les soupes populaires, l'Armée du Salut, les centres d'accueil pour jeunes filles en grossesse et d'autres groupes engagés dans le service. Rappelez-leur aussi que plusieurs églises offrent des programmes identiques. Une fois que tous les groupes ont préparé leur liste, discutez les résultats de leur travail, en utilisant les questions suivantes :

1. Etait-ce difficile de trouver ces organisations ?
2. Combien en avez-vous trouvé ?
3. Etiez-vous surpris par le nombre que vous avez trouvé ?
4. Combien d'églises font la promotion des ministères de la compassion ?
5. Pourquoi existe-t-il tant d'organisations comme celles que vous venez de trouver ?
6. Comment pouvons-nous utiliser les informations recueillies ?
7. Comment l'église peut-elle profiter de cette liste d'informations ?
8. Pourquoi les gens ne s'entre-aident-ils pas simplement sans chercher l'aide de ces organisations, selon vous ?
9. Quelles sont les raisons qui vous empêchent de servir les gens ?
10. Vous imaginez-vous au service des autres pour longtemps ?

Parfois, nous sommes nous-mêmes le plus grand obstacle dans le service. Nous nous inquiétons de ce que les gens pensent et nous doutons de nos capacités. Mais, il est temps que nous nous rappelions pourquoi nous devons servir.

LA VÉRITÉ
(Ce que la Bible enseigne)

En gardant les mêmes groupes de travail qu'au début, distribuez aux groupes les passages suivants : Proverbes 31.9 ; Matthieu 25.3-46 et Jacques 2.14-17. Ils doivent lire leur passage puis trouver ce qu'il dit au sujet de l'aide au nécessiteux, du service, de l'attitude du serviteur. Ensuite, ils doivent réécrire le passage avec leurs propres mots et le présenter à la classe sous la forme qu'ils veulent : sketch, rap, nouvelles paroles adaptées à une vieille chanson, poème, mime, etc. Après la présentation des versets, posez les questions suivantes :

Selon ces passages, pourquoi devons-nous aider ? (Le Seigneur nous demande de le faire, et c'est notre responsabilité de prendre soin des malheureux ; ceux qui servent les autres servent le Seigneur. L'orgueil et l'arrogance sont dévolus à ceux qui vivent égoïstement et oublient les pauvres, etc…)

1. Selon ces versets entendus, à qui revient la responsabilité de s'occuper des pauvres ?

2. Pensez-vous que Dieu est content que nous nous occupions des pauvres ?

Si être chrétien signifie être semblable à Christ, il est normal donc que nous fassions les mêmes actions que lui. Quand nous réfléchissons à tout ce que Christ a fait pour nous, il semble comme si nous voudrions partager tout cela avec tout le monde. Pourquoi est-il difficile de concrétiser nos bonnes intentions, à votre avis ?

ACTION
(Ce que je peux faire)

Donnez à chaque élève ou groupe une feuille et des enveloppes pour qu'ils choisissent dans leur liste une organisation de service et qu'ils écrivent à cette organisation. Dans la lettre, il s'agit d'enquêter sur le genre d'assistance offerte par cette agence, les conditions de qualification, et quels projets de bénévolat et d'opportunités de travail sont disponibles pour des jeunes de leur âge. Les élèves doivent mettre leur adresse personelle ou celle de l'église sur l'enveloppe et un timbre. (Si l'organisation est locale, un volontaire du groupe peut aller en personne, collecter les informations et faire plus tard, un compte-rendu au groupe.) Demandez à Dieu, pour terminer la leçon, de vous montrer des opportunités de servir et de vous engager dans votre église locale.

SEMAINE 42

THÈME : UNE VIE DE SERVICE

Au service de ceux qui sont perdus

PASSAGES BIBLIQUES

Matthieu 28.18-20; Marc 8.35; Romains 3.23

VIE

(Ce qui se passe aujourd'hui)

Choisissez un à trois élèves pour quitter la salle de classe. Après que ces « chercheurs » soient sortis, choisissez deux à six volontaires (« connaisseurs ») pour instruire les volontaires à leur retour. Créez ensuite un obstacle en utilisant les autres membres de la classe ainsi que les objets nécessaires pour cette activité. Un à un, à la fois, les chercheurs entreront dans la classe, les yeux bandés, pour essayer de contourner les obstacles. La moitié des connaisseurs fournira *toujours* des instructions correctes, et l'autre moitié fournira des fausses instructions (pour égarer le chercheur). Quand chaque chercheur a eu son tour, demandez ce qui suit : connaisseurs - qu'avez-vous ressenti quand le chercheur suivait ou ignorait vos instructions ? Chercheurs - qu'avez-vous ressenti en écoutant les instructions ? Comment avez-vous fait pour choisir qui croire ?

Tout le monde est chercheur - nous cherchons tous Dieu, la vérité, le but de la vie, etc.). Plusieurs voix prétendent détenir toutes les réponses : les parents, les enseignants, les amis, les médias, nos propres convictions, etc. Comment décider qui doit nous donner la réponse juste ? Spirituellement parlant, qui sont les connaisseurs, et qui sont les chercheurs ? Comment pouvons-nous devenir des connaisseurs positifs en influençant d'autres chercheurs au nom de Christ ? Comment le fait de satisfaire les besoins spirituels de quelqu'un peut conduire à la stisfation de ses autres besoins ?

LA VÉRITÉ

(Ce que la Bible enseigne)

Demandez à un membre de la classe de lire Matthieu 28.18-20 avant de poser les questions suivantes :

1. Qu'est-ce que Christ nous demande de faire ?
2. Pourquoi cela est-il important ?
3. Que nous a-t-il promis ? (Qu'il sera avec nous jusqu'à la fin du monde.)

Maintenant, que quelqu'un lise Marc 8.35, puis vous poserez la question : qu'est-ce Jésus nous dit ? (Nous perdrons notre vie si nous voulons la garder. Lui seul, peut nous sauver.) Comment ceci s'applique-t-il à notre témoignage ? (Si nous ne témoignons pas, des gens iront sûrement en enfer.) Est-ce tellement difficile de renoncer à sa propre vie afin de faire la volonté de Christ ? (Difficile, nous ne voyons pas toujours les résultats.) Quelle est la chose la plus difficile dans le témoignage ? Comment surmonter ces obstacles ?

ACTION

(Ce que je peux faire)

Un secret pour toucher ceux qui sont perdus, c'est de partager ce que Christ a fait dans TA vie. Cela s'appelle un témoignage. TOUT LE MONDE a un témoignage ! Tu dois juste savoir comment le partager. Un témoignage inclut :

1. Comment tu as connu Jésus Christ, ton Sauveur ?

2. Comment tu vis ta croissance dans la foi, tu partages ton temps de dévotion, tes relations avec les autres, tu laisses Jésus prendre contrôle d'une situation, tu lui fais confiance pour résoudre tes problèmes ou ton futur, etc…

3. Des mots d'encouragement - pour leur rappeler la fidélité de Dieu à travers votre vie.

L'autre secret est d'avoir un bon plan au sujet du partage du message de l'évangile. Peu importe comment tu choisis de le présenter, le message de l'évangile devrait inclure les vérités scripturaires suivantes :

1. Tous ont péché (Romains 3.23) ; et le salaire du péché, c'est la mort éternelle (Romains 6.23).

2. Dieu nous a tant aimés qu'il a donné son Fils unique afin que nous puissions être sauvés (Jean 3.16).

3. Jésus a payé la pénalité de nos péchés quand il souffrit et mourut sur la croix (1 Pierre 2.24).

4. Quand nous avons confiance en Dieu et lui demandons pardon, il nous pardonne et nous devenons ses enfants (1 Jean 1.9 ; Jean 1.12).

5. Le ciel est la destination finale du vrai adorateur (Jean 14.2).

Dieu nous appelle ses témoins. Son Esprit Saint nous précède et nous suit pour préparer les coeurs de ceux qui ont besoin de Christ. Jésus Christ doit être réel dans ta vie afin que tu sois efficace dans le partage de ta foi. Tu ne peux partager que ce que tu as déjà. Dieu exige une seule chose, un coeur obéissant. Il favorisera les opportunités de témoigner, les paroles à dire, et le désir de voir nos amis et nos proches le connaître comme Sauveur. Quelqu'un que tu connais a besoin de Jésus. Qui est cette personne spéciale ? C'est la fin de la séance, demandez aux élèves de prier silencieusement pour un ami ou un parent en particulier, qui ne connaît pas le Seigneur, ensuite, faites la prière finale pour les élèves.

SEMAINE 43

THÈME : UNE VIE DE SERVICE

Servir, un bien-être pour le corps

PASSAGES BIBLIQUES

Actes 2.42-47 ; 2 Corinthiens 1.3-7 ; Éphésiens 4.11-16 ; Hébreux 10.23-25

LA VIE

(Ce qui se passe aujourd'hui)

Demandez aux élèves de trouver un partenaire plus ou moins de la même taille. Dites-leur de se tenir dos contre dos, les coudes entrelacés. En gardant cette position, ils doivent s'asseoir puis se relever, lentement. Après le succès de cet exercice, les groupes se joindront pour reprendre l'exercice avec des groupes plus larges. Continuez l'activité jusqu'à ce que tout le « corps » soit connecté. Á la fin de l'activité, posez la question :

1. Qu'avez-vous ressenti en essayant de vous asseoir et de vous relever ?
2. Quelle a été la contribution de votre(vos) partenaire(s) dans le succès de cette tâche ?
3. Qu'est-ce qui a rendu les choses faciles ? Difficiles ? Dites-leur :

Vous vous êtes littéralement supportés et entraidés pour accomplir cette tâche. S'entraider pour atteindre un but commun peut être plus difficile qu'il ne paraît. C'est la raison pour laquelle nous sommes ici, aujourd'hui, pour renouer avec la tradition commencée par Jésus, celle de prendre soin du corps des croyants par le don, l'amour, et le service.

LA VÉRITÉ

(Ce que la Bible enseigne)

Désignez des volontaires pour lire Actes 2.42-47 ; 2 Corinthiens 1.3-7 ; Éphésiens 4.11-16 ; Hébreux 10.23-25. Résumez ce qui suit : Après que l'Esprit Saint vint sur les disciples de Jésus, à la Pentecôte, ils continuèrent de manifester leur foi à travers plusieurs actions (Actes 2.42-43). Quand le besoin se faisait sentir, les croyants prenaient soin les uns des autres en partageant tout ce qu'ils avaient (Vs 44-45). Les uns vendaient leurs biens afin d'aider ceux qui avaient moins qu'eux. Un tel esprit de service expliquait la croissance quotidienne de la première église (Vs 46-47). Jamais auparavant, un groupe d'individus n'avait vécu aussi pleinement ce que veut dire être le peuple de Dieu comme la première église l'a fait. Ceci eut un impact profond sur leur milieu quand les gens virent l'amour et la grâce données si généreusement. Ils virent l'excellence de l'exemple de l'église en action — ses membres prenant soin des besoins physique, émotionnel, et spirituel de tous. Paul, dans sa lettre aux Éphésiens (4.11-16), nous dit que tous les enfants de Dieu sans considération d'âges, ont une place pour servir au sein du corps du Christ. Si chacun fait sa part, tout le corps « s'édifiera dans l'amour. » Nous vivons dans un monde où il est facile d'être destabilisé et arraché à notre foi. L'église, le corps des croyants est l'excellent lieu pour recevoir protection et encouragement.

Divisez la classe en groupes de 2 à 3 personnes. Chaque groupe doit trouver sept (7) façons d'édifier les croyants et de fortifier leur foi. Après avoir complété leur liste, choisissez 2 à 4 personnes pour former le « Conseil du réel ». Puisqu'il est facile de trouver des façons d'encourager les autres, le « Conseil du réel » aidera les membres de la classe à garder leur réalisme. Demandez au « conseil du réel » de siéger en face de la classe pendant que les groupes exposent leurs travaux. Pendant l'exposé, le conseil dira de temps à autre, « Soyez réel ! » Alors, chaque groupe défendra ses idées tout en démontrant leur caractère réaliste, efficace, et logique.

Il ne suffit pas de venir à l'église et de simplement causer à propos de servir les autres. Dieu nous appelle à nous préparer au service et à être actifs dans le partage de notre foi, de notre argent, et de nos talents avec les autres.

ACTION
(Ce que je peux faire)

Collez des bouts de feuilles tout autour de la classe à hauteur des yeux (une pour chaque élève). Lancez des instructions pour que chacun inscrive son nom en haut de l'un des bouts de feuille. Expliquez-leur qu'ils doivent ensuite aller vers les feuilles des uns et des autres pour écrire un compliment à la personne dont le nom est marqué en haut de la feuille. (Vous pouvez faire ceci verbalement). Concluez l'activité en disant :

1. Qu'avez-vous avez ressenti en exprimant vos sentiments pour les autres ?

2. Pourquoi est-il important de faire savoir aux autres que nous les apprécions ?

Parfois, il est difficile d'exprimer ses sentiments par des mots. Apprendre comment exprimer sa gratitude, et comment accepter un geste de gentillesse est important. Cela encourage celui ou celle à qui vous vous adressez et cela vous encourage, aussi. Priez pour marquer la fin de cette leçon.

SEMAINE 44

THÈME : PRÉPARER L'AVENIR

Un diplôme — et puis après ?

PASSAGES BIBLIQUES

Colossiens 3.1-3, 17 ; Proverbes 15.22 ; Romains 12.3-8

VIE

(Ce qui se passe aujourd'hui)

Avant le début du cours, collectez plusieurs objets ou des lambeaux de vêtements généralement associés avec différentes carrières. A l'entrée des élèves, invitez-les à examiner les objets et en à choisir un qui représente ce qu'ils pensent devenir 10 ans plus tard. Ensuite, demandez aux élèves de montrer, à tour de rôle, l'objet de leur choix et d'expliquer sommairement à la classe, leurs projets pour le futur. Quant à ceux qui n'ont rien trouvé, suggérez-leur de dessiner la chose qu'ils pensent faire dans dix ans et de le partager avec la classe.

Après avoir donné à chacun l'opportunité de partager, voici quelques questions que vous leur poserez : Vous arrive-t-il souvent de réfléchir à ce que vous ferez plus tard ? Vous importe-t-il vraiment de savoir ce que l'avenir vous réserve ? Quel est le rôle de Dieu dans vos projets ? Combien d'entre vous espèrent se marier, un jour ? Être parents ? Avoir une maison ? Avoir une voiture ? Que faites-vous pour que vos rêves deviennent réalités ? Quelles étapes pensez-vous qu'un jeune de votre âge doit nécessairement franchir aujourd'hui, pour réaliser ses rêves ?

Naturellement, le futur ne se construit pas en un jour. Il faut apprendre, croître d'une certaine manière, et prendre certaines décisions quant à la vie. Nous cheminons vers l'avenir petit à petit. Et, ce que nous ferons tous les jours influencera qui nous serons et ce que nous ferons.

LA VÉRITÉ

(Ce que la Bible enseigne)

Demandez si quelqu'un veut se porter volontaire pour servir de secrétaire tandis que les autres énuméreront tous les profils des emplois qu'un serviteur de Dieu peut avoir. En effet, demandez-leur d'énumérer le maximum d'emplois possibles. Et alors, demandez-leur comment un chrétien pourrait honorer Dieu, à partir de toutes ces positions ? (Qu'ils proposent des exemples tirés du vécu quotidien, s'ils en connaissent.)

Faites faire la lecture de Colossiens 3.17 à la classe. Laquelle de ces questions vous semble la plus importante : choisir le bon travail ou prendre la décision de servir Dieu, quel que soit l'emploi pourvu ? Pourquoi ? Pensez-vous qu'il y a des emplois, ou des carrières, ou des domaines du ministère qui sont plus importants pour Dieu que d'autres ?

Demandez à un volontaire de lire Romains 12.3-8. Selon ce passage, y a-t-il des dons plus importants que d'autres ? (Il n'y en a aucun.) Qu'est-ce que cela veut dire pour vous ? (Aucune partie du corps ne peut fonctionner seule sans les autres membres. Tous les dons ont la même importance bien qu'ayant des fonctions différentes.) Donc, y a-t-il des carrières plus importantes que d'autres ?

Après avoir examiné la liste des emplois faite par les étudiants, choisissez les talents ou dons nécessaires pour faire ces travaux ? (Demandez à la secrétaire d'écrire ceux-ci à côté des titres des emplois). Parfois, nous ne préférons pas poursuivre certaines carrières parce que nous ne pensons pas avoir les qualifications nécessaires. Cependant, il est souvent plus facile de voir nos dons quand ce sont les autres qui les soulignent. Encourageons-nous les uns les autres en identifiant les éventuelles carrières de nos condisciples qui pourraient résulter des dons qu'ils ont reçus ?

ACTION
(Ce que je peux faire)

Demandez à chaque élève d'écrire son nom sur le haut de page d'un bout de feuille et de le donner à son camarade qui se trouve à sa gauche. Ensuite, chacun devra regarder le nom écrit en haut de la feuille et citer un emploi/une carrière qu'il pense être fait pour cette personne, avant de la faire circuler à gauche. Continuez jusqu'à ce que chaque bout de feuille soit retourné à son propriétaire. Ainsi, que chacun consulte dans la liste des emplois/professions, un qu'il n'avait jamais considéré avant. Une fois ceci fait, posez la question : « Étais-tu surpris par ce qu'il y avait sur ta feuille ? Pourquoi ou pourquoi pas ? Crois-tu en ce que les autres voient en toi ? Maintenant, ajoute à ta liste d'emplois, d'autres emplois que tu crois possibles. Marque les trois premiers emplois ou carrières dans lesquels tu penses pouvoir réussir. Pour conclure la leçon, priez Dieu d'aider ces jeunes à se tourner vers lui, durant les prochains jours, quand ils chercheront à mettre de l'ordre dans leurs futurs rêves et espoirs.

SEMAINE 45

THÈME : PRÉPARER L'AVENIR

Les liens communautaires

PASSAGES BIBLIQUES

2 Timothée 2.22 ; 1 Corinthiens 13.11 ; Psaumes 133.1

VIE

(Ce qui se passe aujourd'hui)

Distribuez des crayons et des feuilles et dites aux élèves d'écrire leur nom au milieu de la feuille. Ensuite, chacun écrira autour de son nom, tous les noms de ses camarades de même groupe : clubs scolaires, groupes de jeunes, église, famille, équipes sportives, emplois, etc. Une fois que cela est fait, ils dessineront un cercle autour de chaque rubrique et traceront ensuite une ligne reliant chaque cercle à celui du centre où leur nom est écrit.

1. Á quels groupes appartenez-vous ? Identifiez dans chaque groupe la personne de qui vous êtes le plus proche et écrivez son nom dans ce cercle.
2. Pourquoi ces personnes sont-elles si spéciales ?
3. Sont-elles proches de vous à cause de ce qu'elles vous apportent, ou à cause de ce que vous leur apportez ?
4. Avez-vous réellement besoin d'elles dans votre vie ?

5. Quel groupe ou quelle est la personne qui a le plus d'impact dans votre vie ? Pourquoi ?
6. Maintenant, imaginez que ce groupe ou cette personne ne fait plus partie de votre vie. Quel en sera l'impact sur votre vie ?

Vous venez de faire le portrait de votre communauté personnelle. Ainsi, nous savons quels groupes de gens composent notre communauté. Maintenant, réfléchissons à ce que Dieu pense de nos choix concernant la communauté.

LA VÉRITÉ

(Ce que la Bible enseigne)

Lisez 2 Timothée 2.22.

1. Qu'entendez-vous par l'expression : « désirs de jeunesse » ?
2. Connaissez-vous quelqu'un qui se préocupe d'être de ceux qui « se rapprochent de Dieu avec un coeur pur » (Ex. :un chrétien fort) ?
3. Pourquoi Paul mentionne-t-il la poursuite de la justice, de la foi, de l'amour et de la paix dans le contexte d'un groupe ?

Demandez à quelqu'un de lire 1 Corinthiens 13.11, et à un autre de prendre note. Demandez-leur d'énumérer quatre ou cinq comportements d'un enfant et quatre ou cinq comportements d'un adulte mûr. Posez la question suivante :

1. Quand vous serez des adultes, quels comportements aurez-vous, un comportement enfantin ou adulte ?
2. Quels genres de comportements attendez-vous de ceux qui sont autour de vous ?

Désignez un autre élève pour lire Philippiens 3.17. Demandez à vos élèves de faire une troisième liste des qualités de Christ qu'ils jugent dignes d'être imitées (Ex. : honnêteté, intégrité, compassion) et de témoigner ces qualités le plus souvent à leurs camarades ou aux adultes qui sont proches d'eux ?

Lisez Psaumes 133.1.

1. Pourquoi est-il important de vivre dans l'unité ?
2. Est-ce que la maturité spirituelle joue un rôle dans cette unité ? Si oui, comment ?
3. Est-ce que votre groupe préférée dans notre activité initiale vit l'unité selon le modèle de Christ ?

ACTION
(Ce que je peux faire)

Nous avons le choix entre l'immaturité, des relations instables avec nos parents et avec les autres ; et la maturité pour bâtir des relations solides avec nos futurs interlocuteurs adultes.

Puisque la séance tire à sa fin, priez pour demander à Dieu son aide en faveur des proches de vos jeunes élèves qui cheminent vers l'âge adulte.

SEMAINE 46

THÈME : PRÉPARER L'AVENIR

En marche vers la croissance

PASSAGES BIBLIQUES

Hébreux 5.13-6.3 ; Philippiens 3.12-16 ; 4.8-9

VIE

(Ce qui se passe aujourd'hui)

Avant de commencer la leçon, déchirez une feuille en petits morceaux. Sur un morceau, dessinez une étoile, sur un autre un cercle, sur un autre encore un triangle, etc., jusqu'à ce que sur chaque morceau, figure un symbole. Ensuite, placez les morceaux de papier dans un récipient ou ailleurs d'où les élèves peuvent les tirer. Pour commencer la leçon, faites passer le récipient pour que chacun choisisse un morceau.

- Demandez à celui qui a l'étoile de dire le lieu où il est né, ses loisirs et l'année où il est devenu chrétien (ou chrétienne).
- Après cela, demandez à la personne qui a le cercle de parler du meilleur cadeau qu'elle ait jamais reçu, du temps qu'il lui faut pour se préparer le matin, et aussi, ce qui pour elle, constitue la meilleure avantage d'être un chrétien.
- Quant à celui qui a le triangle, demandez-lui sa pointure, ce qu'il aime le plus chez sa famille, et d'expliquer comment serait sa vie, s'il n'était pas devenu un chrétien.
- Enfin, groupez les élèves deux à deux, et dites-leur de raconter quand ils sont devenus des chrétiens, ce qu'ils ont fait depuis lors, et quelle difficulté ils ont rencontré dans leur vie spirituelle.

Après une durée de cinq minutes, rassemblez les groupes et commencez à poser les questions suivantes en vue d'une discussion :

1. Était-ce facile de parler de votre histoire spirituelle ?
2. Est-ce que c'est une chose à laquelle vous prêtez quotidiennement une grande attention ?
3. Était-ce difficile de parler de vos dilemmes spirituels ?
4. Croyez-vous en l'importance de la croissance spirituelle ?

5. Trouvez-vous cela facile ou difficile ?

En menant la discussion, gardez à l'esprit que pour la plupart de vos élèves, l'espoir d'une vie spirituelle réelle, croissante peut être atténué par la réalité des échecs quotidiens. Ils se croient souvent trop 'impurs' pour être des chrétiens capables de croître et de prospérer. Utilisez le reste de la leçon pour leur montrer et les encourager à ne jamais abandonner nos efforts de nous rapprocher de Dieu, bien que notre salut n'est pas basé sur ce que nous faisons. Quand nous nous rapprochons de Dieu, il se rapproche de nous.

LA VÉRITÉ
(Ce que la Bible enseigne)

Demandez à un volontaire de lire Hébreux 5.13-6.3 à la classe, puis posez la question :

1. Quelle analogie l'auteur de Hébreux dresse-t-il ici entre la nourriture et la parole ? (Le lait est pour les enfants et la nourriture solide pour les adultes.)
2. Á quoi est comparé le lait dans notre marche spirituelle ? (Entendre et croire la parole de l'évangile.)
3. Á quoi est comparée la nourriture solide ? (Lire la Bible, prier, tenir un journal spirituel, etc.)

Ainsi, divisez la classe en plusieurs petits groupes et dites-leur qu'ils ont cinq minutes chacun, pour trouver des d'analogies pouvant décrire notre marche spirituelle (L'auteur de Hébreux utilise le lait et la nourriture solide). Certains exemples incluent : recevoir une maison de poupée comme cadeau et bâtir une maison soi-même ; faire voler un avion en papier et un vrai avion, etc. Lorsque cet exercice sera fait, chaque groupe exposera ses réponses.

ACTION
(Ce que je peux faire)

Divisez la classe en deux groupes, au moins, et assignez à chaque groupe un passage à lire : Philippiens 3.12-16 ou Philippiens 4.8-9. Si vous avez plus de deux groupes, certains groupes auront la même tâche à remplir. Demandez aux groupes d'écrire une lettre à leur groupe de jeunes, utilisant les passages écrits en Hébreux et en Philippiens, au départ. Dès que les groupes auront fini d'exécuter leur tâche, vous désignerez un volontaire dans chaque groupe pour lire leur lettre à la classe. Ces versets nous enseignent que nous devons être persistants dans notre marche spirituelle. Un moyen de parvenir à cette maturité est de planifier la direction vers laquelle nous voulons cheminer spirituellement. J'aimerais que vous réfléchissiez à au moins trois moyens de croître spirituellement, durant l'année à venir.

Terminez cette leçon en confiant à Dieu cette requête de prière pour la poursuite de ces objectifs.

SEMAINE 47

THÈME : PRÉPARER L'AVENIR

Peut-on espérer un avenir ?

PASSAGES BIBLIQUES

Jérémie 29.1-14 ; Romains 8.38-39 ; Proverbes 23.18

VIE

(Ce qui se passe aujourd'hui)

Demandez à tout le monde dans la classe de se trouver un partenaire. Ensuite, bandez les yeux d'un jeune dans chaque groupe paire. Le partenaire qui voit doit guider son partenaire « qui ne voit pas », pendant que le moniteur rassemble toutes les paires en un seul groupe pour une « marche de confiance ». Soulignez que le partenaire qui voit est responsable de la sécurité de celui qui ne voit pas, et que celui qui a le bandeau aux yeux, doit faire confiance à son partenaire et le laisser le guider. Quand vous serez à mi-chemin de la marche de confiance, demandez aux partenaires d'échanger leur place ; « celui qui ne voyait pas » doit maintenant être le guide de celui qui voyait.

1. Après le retour dans la classe, posez les questions suivantes :
2. Qu'aviez-vous ressenti en ayant les yeux bandés et devant faire confiance à votre guide ?
3. Faisiez-vous tout le temps confiance à votre guide ? Pourquoi ou pourquoi pas ?
4. Est-ce que votre confiance en quelqu'un reposerait souvent sur le fait que vous connaissez bien celui-ci ?

Actuellement, y a-t-il beaucoup de gens en qui vous avez confiance à 100% du temps ? Pourquoi ou pourquoi pas ?

LA VÉRITÉ

(Ce que la Bible enseigne)

Nous ne serons pas la première génération à trouver rares, des êtres de confiance. Demandez à quelqu'un de lire à haute voix, Jérémie 29.1-14.

Jérémie 29.1-14 est la lettre que le prophète Jérémie envoya de Jérusalem aux survivants juifs qui furent emmenés en exil à Babylone par Nebuchadnetsar. Durant ces temps, beaucoup de faux prophètes avaient prédit aux Israélites qu'ils retourneraient bientôt chez eux, alors qu'en réalité, l'exil allait être très long. Jérémie les rassura, leur disant que peu importait les épreuves qu'ils avaient enduré et qu'ils continuaient d'endurer dans le présent, Dieu était encore de leur côté. Avec lui, il y a toujours de l'espoir. De plus, Jérémie transmit le message de Dieu au peuple pour qu'il continuât d'entretenir sa relation avec Dieu, plutôt que d'espérer des lendemains meilleurs, sans rien faire. En dépit des épreuves et des situations difficiles voire douteuses, les exilés ne devaient pas perdre espoir en Dieu parce qu'il avait des projets pour eux.

1. N'y a-t-il pas un parallèle entre les préoccupations (ou manque de confiance) des Israélites et les nôtres dans le monde d'aujourd'hui ?
2. Que dit Dieu aux Israélites, selon vous ?

D'abord, appelez deux élèves pour lire Proverbes 23.18 et Romains 8.38-39 comme suit. Ensuite, posez les questions ci-dessous :

1. En vous basant sur ce que nous avons lu ici, à qui pouvons-nous faire confiance ?
2. Pourquoi pouvons-nous faire confiance à Dieu ?
3, Qu'est-ce que Jérémie dit à propos de ce que Dieu fera pour nous ?

ACTION
(Ce que je peux faire)

C'est incroyable de savoir que Dieu est aux commandes, même quand le monde paraît être sans contrôle et qu'il semble que personne n'est digne de confiance. Pendant quelques moments, réfléchissons individuellement à la signification de ceci. Encouragez vos jeunes à observer un moment de silence afin d'identifier leurs peurs actuelles et futures. Quelle bonne idée ce serait de leur donner l'opportunité de noter ces peurs sur une feuille, et de les confier à un Dieu trouvé digne de confiance.

Enfin, qu'ils élèvent la voix, s'ils le désirent. Avec quelques encouragements de votre part, ils pourront noter avec précision, les domaines spécifiques où ils ont décidé de faire confiance à Dieu, désormais et dans le futur. Pour signifier la fin de la leçon, louez avec une cantique connue dont les paroles accentuent la confiance placée en Dieu.

SEMAINE 48

THÈME : SUIS-JE FAIT(E) POUR LE MARIAGE ?

Le mariage : bon, mieux ou meilleur ?

PASSAGES BIBLIQUES

Genèse 2.18-25 ; Exode 24.3-8 ; Jérémie 31.31-34 ; Éphésiens 5.21-25

VIE

(Ce qui se passe aujourd'hui)

Invitez un ou deux jeunes couples mariés à venir partager avec les jeunes, les secrets d'un mariage réussi d'après leur expérience. Ensuite, dites aux jeunes de proposer d'autres secrets qui n'ont pas été mentionnés.

LA VÉRITÉ

(Ce que la Bible enseigne)

Lisez Genèse 2.18-25.

1. Demandez pourquoi Dieu a pensé qu'Adam avait besoin d'une compagne ?

2. Que signifie cette phrase : « Ils deviendront une seule chair » ?

Après avoir distribué des feuilles et des crayons aux élèves, demandez-leur de décrire les caractéristiques de celui ou celle à qui ils peuvent s'unir sans « ressentir aucune gêne » (v.25).

Proposez la lecture de Exode 24.3-8. Le Seigneur voulait faire une alliance avec les Israélites. Une alliance voulait que chaque partie eût des obligations et des responsabilités l'une envers l'autre. Chaque partie devait s'assurer du bien-être l'une de l'autre ? Posez la question que voici : Pourquoi, d'après vous, Dieu fit une alliance avec les Israélites ? Pourquoi Dieu jugea-t-il important de faire cette alliance ? Suggérez que chacun fasse sa propre liste des obligations et responsabilités indispensables dans une alliance avec un(e) conjoint(e).

Demandez à quelqu'un de lire Jérémie 31.31-34. Ici, Dieu prononce quelques promesses et engagements vis-à-vis du peuple. Suite à cela, pourquoi Dieu a-t-il tenu à faire ces promesses au peuple ? Que feriez-vous si Dieu vous faisait les mêmes promesses ?

Demandez à chaque élève de noter sur une feuille quelques promesses et engagements qu'il aimerait tenir vis-à-vis de son/sa futur(e) conjoint(e).

Par rapport à la lecture de Éphésiens 5.21-25, demandez ce que Paul voulait dire par vous « soumettant » ? (Se soumettre ne veut pas dire « obéir ».) Quel lien existe-t-il entre « aimer » et « se soumettre » ? Expliquez comment notre relation avec notre conjoint(e) est une imitation de la relation que nous entretenons avec Dieu ? Demandez à vos élèves d'écrire un petit commentaire sur la façon de témoigner son amour en se soumettant à son/sa conjoint(e).

Quand nous comprendrons l'amour que Dieu a pour son peuple et les choses incroyables qu'il est prêt à accomplir pour partager cet amour avec eux, nous réaliserons l'immense responsabilité qui nous incombe d'aimer notre futur(e) conjoint(e) avec autant de force.

ACTION
(Ce que je peux faire)

Remettez à chaque élève un bout de feuille marqué d'un trait vertical au milieu, et qui divise la feuille en deux parties. Dites-leur d'écrire seulement sur la partie gauche de la feuille, les chiffres 1 jusqu'à 4.

1. Écris un mot ou une phrase décrivant l'attitude que tu veux que ton/ta conjoint(e) adopte à l'égard de Dieu.
2. Écris un mot ou une phrase décrivant l'attitude que tu attends de ton/ta futur(e) conjoint(e).
3. Écris un mot ou une phrase décrivant comment tu veux que ton/ta futur(e) conjoint(e) considère tes rêves et objectifs de carrière.
4. Écris un mot ou une phrase décrivant comment tu veux que ton/ta futur(e) conjoint(e) réagisse si (et quand !) tu la/le déçois.

D'abord, donnez aux élèves l'opportunité de parler des sujets de leur choix puis répétez avec eux, la liste ci-dessus formulée dans une phrase. Poursuivez en leur demandant d'écrire leurs réponses au coin droit de leur feuille. Ainsi, ce sera la fin de cette leçon. Exemple 1 : Écrivez un mot ou une phrase qui résume l'attitude que *vous* voulez avoir en face de Dieu. Laissez les étudiants consulter leur copie et comparer leurs propres réponses en se basant sur les engagements qu'ils attendaient de leur conjoint(e) et ceux qu'ils étaient prêts à prendre. Demandez à vos élèves d'implorer le secours de Dieu pour un engagement personnel sans failles, afin de bâtir des relations qui honorent Dieu. Priez pour tous les élèves en observant un moment de silence et terminez ainsi la leçon. Pensez à conserver les copies afin de les exposer en guise de rappel pourt tous, pendant les trois prochaines leçons de cette session.

SEMAINE 49

THÈME : SUIS-JE FAIT(E) POUR LE MARIAGE ?

A vos marques, prêts... attendez !

PASSAGES BIBLIQUES

Luc 14.28-30 ; Hébreux 13.4

VIE

(Ce qui se passe aujourd'hui)

Divisiez la classe en deux groupes pour un débat. Une équipe défendra l'idée selon laquelle, « La plupart des gens sont prêts pour le mariage dès l'âge de 18 ans ». L'autre équipe défendra l'idée selon laquelle, « La plupart des gens ne sont pas prêts pour le mariage avant au moins l'âge de 25 ans ». (En défendant ces deux idées, les élèves et vous même verrez les normes en usage, pour décider quels sont les niveaux de maturité émotionnelle, dans l'éducation, dans l'expérience de la vie, etc. nécessaires à un bon mariage). Voici des exemples :

Prêt à 18 ans

- La loi dit que si vous êtes un adulte, vous devez donc agir comme un adulte.
- Si vous êtes amoureux, vous pouvez vous marier à n'importe quel âge. Alors, pourquoi pas à 18 ans ? (C'est seulement un chiffre !)
- Si vous attendez trop longtemps, vous ne trouverez peut-être personne pour vous épouser.

Pas prêt avant au moins 25 ans

- Si vous terminez vos études ou commencez juste à travailler, vous avez plus à partager avec quelqu'un d'autre.
- Attendre jusqu'à un âge avancé pour vous marier, mûrit davantage vos émotions.
- Attendre jusqu'à un âge avancé pour vous marier, vous permet de mieux vous préparer au mariage.

Donnez cinq minutes aux équipes pour se préparer et cinq minutes pour présenter leurs arguments et points de vue. Après le débat, prenez cinq minutes pour discuter ces questions : Á quoi pensent la plupart des gens que vous connaissez lorsqu'ils prennent la décision de se marier ? Selon vous, que faut-il pour se préparer au mariage ? Est-ce que être prêt dépend plus du coeur ou de l'esprit ? ou des deux, à la fois ?

LA VÉRITÉ
(Ce que la Bible enseigne)

Demandez aux élèves de raconter une situation durant laquelle ils devaient se préparer pour un grand événement ou un grand changement. (Ex : déménagement, ouverture d'une saison sportive, un concert ou une pièce de théâtre, une remise de diplômes universitaires, etc.) Ensuite, demandez-leur quels conseillers les ont aidés dans cette préparation. (Réponses possibles : entraîneurs, parents, amis, avocats, tous jouèrent un rôle dans les préparations.) Ensuite, demandez les implications de ces différents type de préparation (Ex. : les préparatifs d'une pièce de théâtre demande du temps pour remplir ses tâches dmestiques à l'avance ; s'exercer seul, assister aux répétitions ; etc.)

Lisez Luc 14.28-30. Quel lien y a-t-il entre l'illustration de la tour en construction et celle du mariage ? (Il est franchement préférable de comprendre ce qu'est le mariage avant de prendre un quelconque engagement, plutôt que de se marier pour découvrir après que vous n'étiez pas prêt. Les personnes sages savent ce à quoi s'attendre et comment se préparer à l'avance.)

Lisez Hébreux 13.4. Comment pouvons-nous « honorer » le mariage ? (Valorisez-le. Approchez-vous en avec respect et avec toute la préparation nécessaire.) Comment garder le lit du mariage pur ? (L'immoralité sexuelle et/ou l'adultère n'ont aucune place dans le mariage -ni avant, ni après.)

La préparation au mariage est une question de coeur et d'esprit et par dessus tout, une question liée à l'âme. De plus, la préparation dans ces trois domaines n'est guère facile à faire. Faites tout ce qui vaut la peine d'être préparé. Après tout, ces préparations nécessitent l'aide de plusieurs personnes et activités différentes.

ACTION
(Ce que je peux faire)

Demandez aux élèves de réfléchir et d'écrire un petit commentaire concernant leurs projets avant le mariage. Les réponses varieront probablement entre « Finir d'abord les études universitaires » et « aller à l'étranger pour gagner de l'argent » ou encore « commencer une carrière ». Demandez-leur de signer leur copie et d'écrire la date. Vous pouvez les persuader de placer la copie quelque part dans la classe d'où elle leur rappelera les choses qu'ils désirent accomplir avant le mariage. Terminez avec la prière et demandez la réalisation des rêves et des objectifs de vos jeunes, et aussi, qu'ils continuent de chercher la volonté de Dieu pour leur avenir.

SEMAINE 50

THÈME : SUIS-JE FAIT(E) POUR LE MARIAGE ?

Mariés dans la vraie vie

PASSAGES BIBLIQUES

Romains 15.5-6 ; Éphésiens 4.1-3

VIE

(Ce qui se passe aujourd'hui)

Commencez la leçon en demandant : Qu'est-ce qui vous vient à l'esprit quand vous entendez la phrase : « et ils vécurent heureux pour toujours ». Quel est votre conte de fée préféré ? Les contes de fée véhiculent quelques idées très intéressantes, mais souvent fausses sur ce que « l'amour véritable » est supposé être. Dès notre tendre enfance, nous connaissons ces idées sur l'amour, jusqu'à l'âge adulte. Malheureusement, de nombreux contes de fées ne racontent presque rien sur l'amour vécu au jour le jour (dans la réalité quotidienne). Est-il possible de continuer de vivre « heureux pour toujours », malgré toutes sortes de difficultés que connaissent certaines relations ? Pensez-vous que certaines causes de stress et de problèmes puissent être bénéfiques dans une relation ? Avez-vous déjà vécu une relation tendue ? Expliquez comment le fait de rechercher une sortie de crise a rendu votre relation plus solide.

LA VÉRITÉ

(Ce que la Bible enseigne)

Même les meilleures relations connaissent des moments de tension et demandent une attitude d'échange (des concessions). Les conflits ne sont pas toujours le signe d'une relation malsaine. En effet, le contraire peut être vrai. Quelques fois, des situations difficiles et des cœurs meurtris peuvent être des éléments catalyseurs pour bâtir une meilleure relation.

Avant le début du cours, essayez de trouver des articles de magazine qui parlent des couples ou de familles sérieusement affectés par certains problèmes (faillite, crime, mort, pertes d'emplois, etc.) Lisez chaque article et demandez à l'élève ce qu'il/elle ferait, s'il/elle était marié(e) et que son/sa conjoint(e) avait le malheur de vivre une situation similaire (ou que par la faute du/de la conjoint(e), un problème similaire se posait), comment se sentirait-il/elle ? Comment agirait-il/elle ? (Par exemple, la nécrologie peut signifier la mort d'un parent du/de la conjoint(e) ; un(e) conjoint(e) pourrait être victime d'un crime telle qu'une agression, un viol, ou un meurtre par balle ; etc.)

Après avoir couvert quatre ou cinq articles, divisez la classe en quatre petits groupes. Donnez à chaque groupe un marqueur et une bible. Chaque groupe choisira un article que vous commenterez. Encouragez-les à réfléchir à la façon dont ils réagiraient, s'ils étaient mariés et soumis aux mêmes circonstances. Donnez ensuite à chaque groupe les passages bibliques et questions ci-dessous : 1) Lire Éphésiens 4.3. Si vous vous « efforcez » de garder l'unité et la paix dans votre mariage, comment réagirez-vous, dans ce cas ? 2) Lire Éphésiens 4.2. Quatre secrets pour l'unité sont mentionnées ici. Quels sont-ils ? Si vous les suivez, comment agirez-vous ? 3) Lire Romains 15.5. Si vous savez que Dieu peut vous donner les dons d'endurance et d'encouragement pour vous aider, une fois confronté à une telle situation ? 4) Lire Romains 15.6. Si tout ce que vous faites n'a qu'un seul but, « glorifier le Dieu et Père de notre Seigneur Jésus Christ, » quelle sera votre réaction, une fois plongé dans cette situation ? Lorsque tous les groupes auront fini de répondre aux questions, ils passeront à l'exposé des faits devant la classe.

ACTION
(Ce que je peux faire)

Un bon ami est difficile à trouver. L'amitié est au centre du mariage. Exercer l'unité dans vos amitiés courantes est le meilleur moyen de préparer toutes les amitiés de la maturité, y compris le mariage.

Lisez chacune des situations suivantes en s'arrêtant après chaque phrase pour permettre la discussion quant à la façon de répondre à leur « ami ».

- Ton ami(e) te dit qu'il(elle) regrette beaucoup que vous n'ayez rien entrepris ensemble depuis un certain temps.
- Un ami à toi raconte ton secret à quelqu'un d'autre.
- Ton ami(e) se confie à toi à propos du divorce imminent de ses parents
- Ton ami(e) se désintéresse de l'église, ces derniers temps.
- Tu as formé l'équipe, par contre, ton ami(e) n'a rien fait.
- Tu ne sais pas ce que tu as fait de mal, mais ton ami(e) te semble distant(e) et contrarié.

Vous pouvez échanger sur l'apport positif de telles réponses au sein d'un couple marié qui veut surmonter ses difficultés. Concluez par la prière en demandant à Dieu d'aider vos jeunes et vous-même, à œuvrer dans le sens des liens d'amitié qui glorifient Dieu.

SEMAINE 51

THÈME : SUIS-JE FAIT(E) POUR LE MARIAGE ?

Mariage ou célibat

PASSAGES BIBLIQUES

1 Corinthiens 7.1-2, 26-34 ; 1 Pierre 1.22 ; 3.8-12 ; 1 Jean 4.12

VIE

(Ce qui se passe aujourd'hui)

Vous dites : Nous avons tous des idées préconçues sur la vie des autres. Cette semaine, nous parlerons des adultes célibataires. Je voudrais que vous complétiez cette phrase avec la première idée qui vous vient à l'esprit :

1. Si vous êtes célibataire, vous êtes probablement.... (Seul, timide, moche, homosexuel, très occupé sur le plan professionnel, pas intéressé par le sexe, en train d'attendre le/la bon(ne) comppagnon(e), capable de dépenser autant d'argent qu'une personne mariée, effrayé à l'idée de mûrir, etc.)
2. D'où nous viennent toutes nos idées préconçues sur les adultes célibataires ?
3. Connaissez quelques mots qui définissent bien le portrait des célibataires, à la TV ou dans les revues ? (Bizzarres, drôles, libres comme le vent, heureux d'être célibataires, orientés vers la carrière professionnelle, méprisent les amitiés, etc.)
4. Connaissez-vous quelqu'un qui correspond à ces descriptions ou s'en approche ?
5. Pouvez-vous expliquer de quelle façon les célibataires sont des personnes normales, nullement différentes des adultes mariés que nous connaissons ?

LA VÉRITÉ

(Ce que la Bible enseigne)

Demandez qui est le chrétien célibataire le plus prospère que vous connaissez ? (Veuillez également mentionner des adultes célibataires qui sont des dirigeants dans votre église ou dans le voisinage, ou des célébrités que vos jeunes côtoient. Si vous avez du temps ainsi que la possibilité, trouvez des articles de magazines sur ces célébrités et apportez-les en classe.) Connaissez-vous quelques difficultés potentielles rencontrées par ces célébrités pour tenter de concilier leur carrière avec leurs relations et avec l'église ?

Après cela, divisez la classe en deux équipes de recherche. Assignez un passage de l'Écriture et une déclaration aux deux équipes. Ensuite, que chaque équipe cherche dans le passage attribué, des idées pour argumenter sa thèse.

- 1 Corinthiens 7.1-2, 26-34. Thèse : Bâtir des relations et servir Dieu est un acte d'équilibre.
- 1 Pierre 1.22 ; 3.8612 ; et Jean 4.12. Thèse : Vous pouvez servir Dieu au sein de vos relations.

Une fois cet exercice terminé, rassemblez les équipes pour qu'elles partagent les versets bibliques et exposent leur travail. Après les deux présentations, discutez : Dans ces passages, les chrétiens sont appelés à servir Dieu et à bâtir des relations dignes de Christ. Comment faire comprendre ces paroles à une jeunesse, confrontée à des choix quant à son futur professionnel et familial ? Lisez 1 Corinthiens 7.26-31. Paul utilise les phrases : « temps difficiles » (v.26), « le temps est court » (v.29), et « la figure de ce monde passe » (v.31). Ces paroles sont-elles conformes à la vie que nous menons, aujourd'hui ?

Observez encore bien vos célébrités chrétiennes célibataires et discutez : Dans l'histoire contemporaine, qu'est-ce qui a fait que le témoignage de ces gens fût si puissant ? Tous ces gens là ont une carrière ou un emploi centré sur leur identité chrétienne. Dans quelle mesure, trouvez-vous facile pour une personne célibataire de se distinguer dans le ministère ? Y a-t-il des ministères qui se prêtent mieux aux célibataires et d'autres aux gens mariés ? Y a-t-il dans l'église, des gens qui sont exemptés de donner leur tout pour le service de Christ ? Quelqu'un est-il exempté de consacrer son tout dans les relations humaines ?

ACTION
(Ce que je peux faire)

Proposez aux élèves de partager leurs rêves d'avenir : Quand tu auras 30 ans, quel genre de carrière espéres-tu ? Que seras-tu prêt à faire pour obtenir cette carrière ? (Soulignez le besoin d'avoir une éducation sans compter la grande difficulté de suivre des études étant marié.) Comment espères-tu servir Dieu ? (Explique ce que servir Dieu veut dire et les différents aspects du service. Les uns servent à plein temps comme pasteurs, ou missionnaires, ou éducateurs chrétiens. Les autres, en rendant leur maison disponible pour abriter des rencontres, que ce soit pour l'étude de la Bible, ou l'école du dimanche, ou pour supporter ceux qui travaillent pour Dieu à plein temps.) Lisez Jérémie 29.11 et priez ensuite pour que les jeunes démontrent de la persévérance afin que leurs relations continuent de refléter l'amour de Dieu, qu'ils soient mariés ou célibataires.

SEMAINE 52

THÈME : JOYEUX NOUVEL AN

Dehors le vieux, bonjour le neuf

PASSAGES BIBLIQUES

Psaumes 54.6-7, 89.2-3, 94.17-19, 22 ; Psaumes 51.1-17; Matthieu 14.22-31; Psaumes 18.1-6, 16-17; 103; 1 Jean 1.9

VIE

(Ce qui se passe aujourd'hui)

Demandez à chaque élève de partager avec l'ensemble de la classe, ses idées sur les questions suivantes:

1. Vous rappelez-vous la meilleure chose qui vous est arrivée au courant de l'année?
2. Et la pire?
3 Comment évalueriez-vous l'année qui vient de s'écouler, en vous basant sur cette annotation ci-dessous: 1 signifie terrible et 10 signifie superbe?
4. Quelles sont vos attentes pour l'année prochaine?

LA VÉRITÉ

(Ce que la Bible enseigne)

Lisez Psaumes 54.6-7, 89.2-3, 94.17-19, 22. Le psalmiste avait vu de prime abord les nombreux accomplissements de Dieu et comment Dieu l'avait à plusieurs reprises sauvé. Il ne pouvait s'empêcher de louer Dieu. Et vous? Est-ce que Dieu a accompli quelque chose pour vous au courant de l'année passée? Qu'est-ce que c'est? (Soyez précis).

Distribuez 3 bouts de feuilles vierges à chaque élève et un crayon. Choisissez un volontaire pour lire Psaumes 51.1-17 et Matthieu 14.22-31. Pour nous, Dieu est incroyable, mais comme le psalmiste et Pierre, nous détournons notre regard de Dieu, parfois et nous le décevons. Demandez à chacun de noter les différentes façons dont il a déçu Dieu, pendant l'année écoulée. (N'a pas pris le parti de Dieu, a désobéi, a compromis sa foi, n'a pas témoigné comme Dieu l'a instruit de le faire, n'a pas donné la première place à Dieu, etc.) Quand tout le monde aura fini l'exercice, des volontaires s'avanceront pour partager leurs idées avec les autres.

Lisez Psaumes 18.1-6, 16-17; Psaumes 103 ; 1 Jean 1.9. Soulignez que même lorsque nous décevons Dieu, il promet de nous pardonner et d'oublier nos péchés. Il fait de nous une créature nouvelle, pure et propre devant lui. Que chacun baisse la tête pour se recueillir dans le silence et demander à Dieu de lui pardonner ses fautes,puis le remercier aussi pour lui avoir accordé son pardon. La prochaine étape consistera à demander à chacun de déchirer son bout de feuille en petits morceaux pour démontrer que Dieu a pardonné leurs péchés.

ACTION

(Ce que je peux faire)

Le début d'une année nouvelle marque un grand départ, des changements importants à prendre pour notre vie. C'est aussi le moment de nous fixer de nouveaux objectifs. Fixons-nous dès à présent, des objectifs pour nous aider spécialement à croître avec Christ.

Demandez à chaque membre de la classe de répondre aux questions suivantes sur leur feuille vierge :

1. Les engagements (ou changements) que je prendrai, dès l'année prochaine, pour faire de Jésus la priorité numéro 1 dans ma vie sont… (Ex. : lire la Bible et prier, tous les jours, aller à l'église, chaque semaine, éviter de me disputer avec mes frères et soeurs, obéir totalement à Dieu, etc.)
2. Voici comment je prévois précisément de venir à bout de mes engagements … (Ex. : prévoir chaque matin avant d'aller à l'école, un temps de lecture de la Bible et de prière, puis demander à mon ami(e) de m'emmener à l'église, chaque semaine, etc.)
3. Selon toi, qu'est-ce que Dieu t'appelle à être ou à faire, au courant de la nouvelle année ?

Les réponses aux questions seront suivies d'une copie des mêmes réponses sur l'autre bout de la feuille.

Il est prouvé que nous tenons mieux nos engagements lorsque quelqu'un nous les rappelle et s'assure régulièrement de nos progrès dans ce sens. Pense à une personne digne de confiance qui te tiendra pour responsable. Si cette dernière est dans la classe, va vers elle à la fin du cours, et demande-lui si elle accepterait de t'aider à tenir tes engagements. Si cette personne accepte, remets-lui le bout de feuille où tu as noté tes engagements. Si cette personne n'est pas dans la classe, rencontre-la au courant de la semaine. Priez pour terminer la séance.

Table de matières

www.ingramcontent.com/pod-product-compliance
Lightning Source LLC
LaVergne TN
LVHW061224100826
845148LV00004B/852

* 9 7 8 1 5 6 3 4 4 4 7 7 7 *